AQUARIUS

AQUARIUS

AQUARIUS

AQUARIUS

Catcher

一如《麥田捕手》的主角，
我們站在危險的崖邊，
抓住每一個跑向懸崖的孩子。
Catcher，是對孩子的一生守護。

培養

超優質女孩

的100個細節

王志豔◎著

【推薦序】

教養藏在細節裡

文◎【王意中心理治療所所長 臨床心理師】王意中

「與其說是做孩子王，倒不如說還滿感謝他們，繼續讓你，可以再當一個孩子。」這是兩年前，TVBS《一步一腳印 發現新台灣》為我與家人拍攝和記錄「為孩子移民到宜蘭」時，我自己在節目最後所下的一個註腳。

當父母，先學當孩子。特別是，這些年在蘭陽平原上與「三好米」——我家三個貼心的寶貝，九歲姊姊、八歲哥哥與四歲弟弟陪伴成長時，更有如此的感受。孩子像是一面鏡子，總是提醒著父母必須隨時自我檢視對待孩子的想法，了解及控制自己的情緒，不斷地修正彼此的互動關係。孩子，真的是豐富我們大人內心視野的最佳良伴。同時，我也從孩子身上看見那若隱若現、朦朦朧朧的自己。

我常說：「親職教養需要練功，在父母這本存款簿上，才能累積利息而不至於透支。」練習以正面的角度看待與接納眼前孩子的所有存在，同時不斷在日常生活的相處裡，尋找一切能夠帶來親子好關係、孩子好成長的方向、指引與祕訣，是一件值得努力去做的事。

閱讀《培養正能量男孩的100個細節》、《培養超優質女孩的100個細節》，我發現書裡處處都有如此細微的觀察與貼切的建議，讓我們不斷有機會累積、儲值教養功力，升等、進階親子關係等級，進而讓教養優游自在。

透過這兩本書的閱讀，有助於我們在二十四小時內自動重新整理、思考、微調、修復彼此的親子關係。俯拾皆是的提點，無論是「太自負：妙用好勝心激發男孩的潛力」、「容易自卑：讓男孩看見自己的發光點」、「好好運用大自然學校：男孩創意和勇氣的起點」、「關注他的另一面：接受男孩的脆弱」、「有目標，不會輕易被打敗：增強男孩的挫折抵抗力」，或是「自己的事情自己來：讓女孩克服依賴心理」、「給女孩更多空間：讓她盡情發揮」、「尊重女兒的自由意志：有時父母也要閉上嘴」、「愛她，請不要挑剔她：爸爸經常給女孩積極的心理暗示」、「懂得感恩：讓女孩學會感激他人的付出」、「時間管理能力：幫女孩改掉拖拖拉拉的壞習慣」，都在在地讓父母自我檢視與孩子的互動關係。

有意思的是，這兩本書，你可以交錯地閱讀，相互引用。透過作者對於男孩與女孩教養的細微見解與具體建議，讓父母在孩子如蜘蛛網般的成長迷宮中，有如ＧＰＳ導航系統，引導著孩子發現屬於他與她的方向和定位。但請記得，是適時地引導，而非強迫式地要求孩子達到我們所期待的目標。

在《培養正能量男孩的100個細節》、《培養超優質女孩的100個細節》書中，提醒著「小心，這些話會增加男孩的負能量！」、「小心，這些話會影響女孩的好潛能！」讓我們多了再次自我覺察的機會。請留意你所說的任何話，在孩子的成長過程中，都可能燃起成長的蝴蝶效應。同時，透過「父母可以這樣做」，你的小小正向教養微調，一定能夠喚起孩子大大的成長蛻變，帶來成長的正能量或超優質潛能。先對孩子笑，一切變美妙。

從孩子起床的那一刻起，你的微笑、你的擁抱與溫柔的語調，將啟動這一天的親子關係如何互動。同時，當苦惱於孩子表現出不符合大人的期待之前，或許可以先停下來思索，從孩子身上看到的這一切，會不會反映的是你和我。透過閱讀書裡所分享的細節，讓我們教養可以更細膩，親子關係更緊密。

沒有人，天生就會做父母。父母學，是一道無學分上限的必修課，且外加無止境的現場實務演練。有時，反映的也是一種生活態度，及對人的尊重與藝術。

遇見《培養正能量男孩的100個細節》、《培養超優質女孩的100個細節》，對於身為三個孩子的爸爸、寫了多本親子教養書、從事兒童青少年心理治療工作的我來說，無疑地讓自己在對待自己的孩子及工作服務上的孩子，都將更為細膩。我想，正在閱讀此書的你也會有如此的收穫。

無論親子關係現在的處境如何，只要開始啟動執行力，美妙的事物就會有綻放的一刻。或許，父母最大的成就感之一就是對孩子放心，一種信任所帶來的全然放心。

祝福你，正在閱讀的這本書，也能為你帶來如此的放心。

【推薦序】父母最便捷的教養總機

文◎【親子作家】梁旅珠

每次在我有關親子主題的演講結束後，總是會有家長急切地走上前來問我，為什麼男孩女孩帶起來差這麼多？也總會有家長對我說：「老師，在您的《梁旅珠教養書》中，對於弟弟的部分提到的比較少，可不可以請您趕快出一本關於男孩子的教養書?!」

放眼望去，書市上分享個人成功案例（已經有優秀「成品」驗收）的親子教養暢銷書作者，不少家裡好像還真的只有一個或兩個女兒；而林書豪或吳季剛的異國經驗，對多數家長來說似乎又難以參考、複製，因此一些每天在家為小男生總是無法好好專心寫功課而抓狂，或是三天兩頭被老師或訓導處「急叩」到學校的爸媽們，內心的焦慮可想而知。為什麼總是忘了帶課本或作業回家？為什麼一上網就六親不認？為什麼罵了一百遍的事情還是再犯？為什麼傻傻地跟著同學去調皮搗蛋？為什麼學校隔壁桌的女同學，每天晚上功課寫完還可以上珠算練鋼琴聽英文，家裡的混仙卻總是要蘑菇到睡前還寫不完功課，或是在睡前十分鐘才告訴你，明天的自然課要交報告？

這些心情，我都懂！因為我也走過這一切，養大了一女一兒，苦惱過同樣的基因為什麼會有這麼大的差異。樓下鄰居的女兒，是我兒子小學中低年級的同班同學，也是我兒子的功課救星。我記得當時幾乎隔天晚上，兒子就要到樓下去借東借西，所以在這個優秀的女生轉學到美國學校後，我想我可能比全班任何一個同學都還想念她！

從我個人的經驗與觀察，我覺得同齡男孩女孩在心智成熟度上，確實有二到五年的落差，所以關於行為表現，男生的家長們請不用太著急，也千萬不要把兒子跟同齡女生比較。還有，男孩子的好動、急躁、自制力差……等等，跟荷爾蒙有很大的關係，如果能先有了解和心理準備，做父母的不但可以少掉很多無謂的煩惱，甚至可以借力使力，把缺點變成優點。

其實，教養女孩的問題、困擾也不少，只是內容、形式有所不同。我覺得自己很幸運，能夠有兒有女，因為變化與挑戰，讓我的生活更豐富充實。但我也常想，當年如果能有理想的參考資料協助我先做好心理準備，指點我一些方法，該有多好？因此，當我看到《培養正能量男孩的100個細節》和《培養超優質女孩的100個細節》兩本書時，忍不住羨慕起現在的家長們！

這兩本書因為涵蓋面廣，目的並不是要提供正確解答，或是讓新手父母奉為圭臬。由於各主題篇幅簡短，當然無法給讀者完整的分析，以及解決問題的詳盡執行辦法。不過，比起如大海撈針般，花大量時間讀書或上網蒐尋理想解答，本書的呈現方式，提供了相當簡便的切入點，或許在文章提示下轉換思考角度，解決問題的方法很快就會浮現。讀者也不妨把這兩本書，當成有困擾時最便捷的求救專線「總機」，由此再延伸至能更深入處理問題的方向。就算是當成空暇時的充電小站，相信新手父母們，也可以得到相當的收穫與啟發。

關於教養，怎麼做最好，觀念看法其實是隨著時代在改變的。我很驚喜地發現，在《培養超優質女孩的100個細節》中，有一個章節討論了「中性」的問題；另外包括早戀、網戀、追星、盡早與孩子談「性」……等等，更納入了不少現代父母的困擾ＩＮＧ。《培養正能量男孩的100個細節》，也對多數讓男孩家長頭痛的問題，做了歸納並提出具體的建議，強調更換角度與多方面觀察，協助家長將看似負面的能量轉成正向發展。每個章節最後的小方塊中，除了點出哪些話語可能給孩子負能量，更明確提供修正與執行方式的參考，對於工作忙碌、無法投入大量時間跟孩子進行「拉鋸戰」與「消耗戰」，無法以經驗值換取有效策略的父母來說，應該是最貼心實用的妙計錦囊了。

我想「男孩」、「女孩」的生理二分法，只是便於讀者的參考搜尋，但當網路的影響力鋪天蓋地無孔不入地潛移默化著我們的孩子，新時代父母面對的，是孩子們更多變化且難以預測的面貌和特質。對於我們獨一無二的寶貝，用心的父母，若想培養出能適應環境鉅變、具備正能量的全方位孩子，或許需要對「人」——不論是男生或女生，都有更全面性的理解吧！

目錄

目錄

第二章 女孩需要有內涵的教養

目錄

第三章 趁早培養女孩的獨立意識

目　錄

第四章　增強女孩「剛柔並濟」的能力

目　　錄

第五章　培養女孩承受挫折的勇氣

目　錄

第六章　女孩需要友誼相伴

目　錄

第七章　樂觀的女孩最美麗

目　　錄

目　錄

目　錄

第十章　提升女孩生命潛能的優質好習慣

第一章

幫助女孩激發超優質能量

女孩安靜、聽話、善於合作、心思細膩，不像男孩那樣喜歡冒險、吵鬧或爭鬥，看起來似乎比男孩更容易教養。可是，女孩子的成長並非總是一帆風順，任性、膽小、敏感、嫉妒等充滿負能量的詞彙也與女孩息息相關。要培養出超優質女孩，父母首先要瞭解她們，幫助她們激發出內心深處的強大潛力。

1 膽小怕羞
利用小事激發女孩的勇敢

也許是女孩嬌弱的外表給我們造成了錯覺，一般人總認為女孩大多是膽小、羞怯的。許多女孩的表現似乎也印證了這一點，她們怕黑、怕蟲子、不敢見陌生人，也害怕孤獨。有些父母更認為女兒原本就要讓人疼愛，所以嬌弱也是正常的。然而，就是因為父母有這種看法，才使得女孩也以為自己就是缺乏力量和勇氣的。

國小一年級的小敏是個很害羞的女孩，平常見到陌生人就臉紅，更別說主動開口說話了，每次都緊張地躲在媽媽身後。偶爾與鄰居家的孩子玩一會兒，也很快就哭著跑回家，說鄰居小孩欺負她。下課時，其他同學你追我趕、玩耍嬉戲，羞怯的小敏卻總是遠遠地站著，不敢加入，看起來很失落的樣子。老師上課時問問題，她總是把頭埋在書本裡，不敢抬頭接觸老師的目光，生怕被點到名。一旦被老師叫起來，她就漲紅了臉，回答問題時結結巴巴的。

膽小怕羞的女孩不是不聰明，只是因為害怕失敗、害怕被人取笑，而放不開自己，不敢去嘗試各種新鮮事物。

勇敢是可以被開發的

女孩子可以柔弱，但不能怯懦。膽小、害羞的女孩並不是不聰明，只是因為害怕失敗、害怕被人取笑，而放不開自己，所以才不敢去嘗試各種新鮮事物。

女孩膽小、羞怯的原因大致可分為兩點。一方面是女孩本身就有靦腆、內向、害羞的性格，另一方面則是家長的教育方法不當。許多父母對於女兒的教養，太過注重要有氣質，卻忽略了勇氣的培養，使得不少女孩平日就東怕西怕的，做事畏首畏尾。父母卻反而覺得女孩子就應該如此，這樣才有人疼愛，有人驕寵。

這樣的想法未免太片面了，他們沒有意識到：**一個懦弱的孩子很難建立起自信，也缺乏勇敢的精神，如此很難體會到成功的快樂。**

所以，對於個性比較柔弱的女孩，家長不但不應過於寵愛，反而要多鼓勵她參與各種活動，主動與別人交流，甚至與別人競爭，鍛鍊她的膽量。培養女孩的自信和勇氣要從小事做起，多鼓勵、多讚賞她，幫助她克服心理障礙和自卑心理，這樣才能造就新時代的女性，讓女孩生活在自信、自立的幸福天空之下。

2 太任性

別讓察言觀色變成女孩的工具

任性似乎是女孩的天性，遇到不順心的事，小嘴一噘就哭個不停。有時自己的無理要求得不到滿足，就變得蠻橫不講理。遇到這種情況，不少家長可能會感到不知所措，要不是趕緊滿足女兒的要求，要不就是一頓責罵。很少有人能心平氣和地與孩子談一談。

許多時候，女孩子的任性和不講理只是一種心理需求的體現，但同時也是負能量過剩的表現。如果家長不懂得疏導，事事順從女孩，會讓她變得更加任性，而斥責則會讓女孩變得叛逆。

一天放學回家後，十歲的小敏對媽媽說：「媽媽，我們班上好多同學的手機都比我的好，我也想要一支功能更多的新手機。」

許多時候，女孩子的任性和不講理只是一種心理需求的體現，然而，同時也是負能量過剩的表現。

其實小敏的手機是去年才買的，還很新，而且媽媽覺得手機功能太多也沒什麼用，重新買一支很浪費錢，所以就說：「你的手機還好好的呢，先不要再買了。」

「不行，我一定要買！我就是想要新手機，我的手機功能太少了！」小敏大聲說。

「手機能打電話、發簡訊就行了，何況你的手機功能也不少。買了新手機以後你天天玩，反而會耽誤功課。」

「我不管！反正我不要這支手機了。你要是不買新手機給我，從明天開始我就不去上學了！」小敏說完，把自己的舊手機丟到桌子上，就跑進了自己的房間，「砰」地關上了門。

「你這孩子，簡直是胡鬧！」媽媽氣得快要說不出話來了。

喜歡的，不一定要全部買給她

故事中的小敏是不是就有你家小公主的影子？女孩任性起來，比男孩更令人頭痛，不聽話、不聽勸，想要什麼就一定要拿到手。你不給我？我就給你點「顏色」看看！

女孩子的任性、不講理等行為，固然有天性影響，但也與家長的教育有很大的關係。有些父母對女兒幾乎是有求必應，「喜歡嗎？

爸爸（媽媽）買給你！」女兒想做什麼就做什麼，要什麼就給她什麼，在女兒看來，自己想要的東西，爸媽就一定會想辦法幫忙。再加上**跟男孩比起來，女孩更擅長察言觀色**。如果我們總是對女兒太過驕寵，她就會抓住這個「特權」，漸漸變得更加蠻橫。

對父母來說，滿足女兒的要求是一種表達愛的方式，但從另一個角度來看其實是在驕寵女兒，讓她無形中形成了這樣的觀念：我要的東西、我想做的事，就是對的，就一定要這樣做！這種負能量一旦在女孩身上積聚起來，她的自制力就會下降，變成凡事都只顧自己的需要。當她長大以後，將會演變成什麼樣的局面？因為獨斷專行，上司不喜歡她；因為任性乖張，朋友不喜歡她；因為任性蠻橫，男朋友不喜歡她……

親愛的家長們，瞭解了這些之後，在培養女孩的過程中，我們就要時刻注意——切忌過分地驕寵孩子。**從一開始就要給女孩設定一個行為準則，提前告訴她：什麼事能做，什麼事不能做。同時也要把「為什麼不能這樣做」的道理告訴她，幫她建立起評判自己行為的標準，學會自覺地約束自己。**

如果女兒堅持耍賴、哭鬧，在確保孩子安全的情況下，我們可以採取冷處理的方式，讓她盡情哭鬧。當她發現這些招數不管用時，自然就不再糾纏了。

3 嫉妒心強

女孩子競爭心理的表現

一般都認為男孩的好勝心比女孩更強，男孩子經常會互相競爭，要證明自己最強。其實女孩子之間也存在這種互相爭鬥的現象，只不過女孩之間的競爭表現得不如男孩那麼明顯。她們通常會用另一種方式——「嫉妒」，來表達對某人的不服氣。

佳佳和美琳從小學開始就是形影不離的好友。兩個小女孩經常在一起玩，放學後也要一起寫作業，有了喜歡的東西都會拿出來與對方分享。

但是最近，媽媽發現佳佳不跟美琳來往了，美琳來找她，佳佳也總是愛理不理的。這一天吃晚飯時，爸爸問佳佳：「聽說美琳被選為模範生了，怎麼沒聽你說過呢？」佳佳一聽，突然放下碗筷，一臉不服氣地說：「哼，有什麼了不起！

只是個破模範生，需要到處炫耀嗎？」

聽了女兒的話，媽媽忽然明白了。原來佳佳因為嫉妒美琳，最近才不願意與美琳來往。

用傾聽化解女孩的憤怒和不安

嫉妒是一種負能量情緒，是指自己的學識、名譽、地位或境遇等被他人超越，或因彼此距離拉大所產生的一種，由羞愧、憤怒、怨恨等組成的多重情緒體驗。這種情緒具有明顯的敵意，會給人際關係帶來很大的障礙。

跟男孩比起來，女孩更容易嫉妒別人，**因為女孩更容易專注於一件事，自尊心也更強**。尤其現在許多家庭都只有一個孩子，身為獨生女，整天被寵愛著，有許多女孩因此也養成了「嬌氣」和「驕氣」，見不得別人比自己強，也不願聽到別人被誇獎。因而，嫉妒心強成了女孩成長過程中越來越嚴重的通病。這種負能量「病毒」，會讓女孩的美麗大打折扣。

面對女孩較強的嫉妒心，父母也不必太煩惱。**最重要的是瞭解女孩內心的想法，然後幫助她擺脫這種心理**。例如，可以引導女兒學會欣賞別人，真心地讚美別人，鼓勵她虛心地向別人學習等。

女孩子的嫉妒是直接、真實而自然的，完全不像成年人那樣複雜，當她顯露出嫉妒心理時，最好的辦法就是傾聽。

女孩之所以會產生嫉妒心，往往是因為見不得別人比自己更好。在這種時候，家長就要多費心了。平常多找時間跟女兒溝通，及時掌握她的心理變化，瞭解她產生嫉妒心的直接原因，耐心傾聽她的感受。女孩子的嫉妒是直接、真實而自然的，完全不像成年人那樣複雜。所以，當她顯露出嫉妒心理時，既不能嚴加斥責，也不能打罵，最好的辦法就是傾聽，化解女兒此時的憤怒和不安。

當女孩傾訴完自己的內心感受時，你可以告訴她，每個人的身上都有優點和長處，但同時也都有各自的不足和短處。在每個方面都比別人強或比別人擁有更多，都是不可能的。嫉妒別人的長處，其實也是忽略了自己的「發光點」。只有盡情發揮自己的長處，在學習和生活中學會正視、欣賞別人的優點，並彌補自己的不足，我們就能夠用自己的成功贏得喝采。

此外，家長還要注意，針對自己女兒的短處，不妨多督促她練習，但不必每次都明確地提醒她：「你在這方面很弱。」平常只要有意無意地對她說：「要不要讓自己做得更熟練些？」再加上一些精神獎勵，相信你的小公主會進步得更快。

4 敏感

女孩渴望更多的愛

家有女兒的父母可能多少有過這樣的經驗：男孩子看來「無所謂」的一件事，在女孩看來卻可能變得「很有所謂」，甚至讓她們經常為此掉眼淚。

不少女孩的家長對此感到無法理解。在他們看來，男孩、女孩都是一樣的，而且事情本來真的沒什麼大不了，為什麼女孩子就那麼小心眼，動不動就那麼敏感，愛鑽牛角尖呢？

一位母親在聊到自己的女兒時，講了這樣一個例子：

一天早上，我起來幫女兒做早餐，煎了蔥油餅。誰知道女兒一看到蔥油餅，立刻不高興地說：「媽媽，你怎麼又做蔥油餅啊？」

「爸爸媽媽是不是不喜歡我了」想法的背後，隱藏著女孩獨特的心理特質——敏感、脆弱。

當時我只想快點吃完，好送她去上學，就只回了句：「快點吃吧！」沒想到女兒坐下後，悶著頭咬了兩口蔥油餅，接著竟然哭了！我一看就慌了——女兒這是怎麼了？

女兒邊看著我，邊眼淚汪汪地說：「媽媽，你一定是不愛我了……」

一聽這話，我更是莫名其妙了。我煎蔥油餅跟愛不愛她有什麼關係啊？她卻像受了莫大的委屈一樣，這到底是怎麼回事？

脆弱的「水龍頭」

相信許多女孩的家長都曾遇過類似的情況。例如，帶女兒到朋友家作客，如果自己只顧著跟朋友聊天而忽略了女兒，她就會產生「爸爸媽媽是不是不喜歡我了」或「他們是不是把我忘記了」等想法。有時讓家長感到十分不解：這孩子怎麼會這樣想呢？

其實在這些想法的背後，隱藏著女孩獨特的心理特質——敏感、脆弱。

男孩子愛冒險、好競爭等天性，是受男孩體內的男性荷爾蒙「睪酮素」所影響。同樣地，女孩的天性也是由體內的荷爾蒙決定的。

從母親受孕那一刻起，女性染色體基因便被女性荷爾蒙活化，這些荷爾蒙在女孩出生之前就已經為她規劃了未來。也就是說，女性荷爾蒙決定了女孩細膩、安靜和溫柔的天性。

雖然這些女性荷爾蒙使得女孩溫順可人、有同情心，並且會體諒和關心他人，但也容易讓女孩形成孤獨、易怒、敏感與脆弱等充滿負能量的性格特徵。

大部分的女孩不像男孩那樣獨立和喜歡冒險，她們渴望的是獲得父母更多的愛，想要擁有更多的知心朋友，需要在人際交往的過程中被認同和尊重。如果得不到這些，就會感到很受傷。有時當女孩犯了錯，你批評她幾句，她也會認為你不再愛她了。即使長大了，有些女孩的情感也十分脆弱，這也是我們有時在媒體上看到某些女孩因為戀愛失敗而尋短見的原因。

女孩在成長過程中是離不開愛的，如果父母能經常向女孩表達自己的愛與關心，她們自然能快樂地成長。

雖然如此，當女兒做錯了事的時候，父母還是應該指出她的錯誤，並且教她怎麼做，但是同時也要向女兒表達愛意。例如，可以對她說：「媽媽現在教你這些，是因為愛你，希望你更好。」或者說：「要是你能改掉這些壞習慣，爸爸不但不會責備你，還會更加愛你。」

在教導女孩時加上愛的表達，會讓她更願意接受我們的觀點，同時也保護了女孩子敏感脆弱的內心，激發出更多的正能量情緒。

5 孤僻封閉

陪伴女孩瞭解內心情感

現在許多孩子都擁有自己的獨立空間，因而從小就養成了喜歡把自己關在房間裡做事的習慣，自我意識和獨立性比較強。

然而令人擔憂的是，因為有了屬於自己的獨立空間，許多女孩出現了自我封閉的傾向，與父母保持著一定的距離，不願意主動與人說話，很難向別人吐露真心。

蓓蓓是一個特別不愛說話的女孩，學校裡的團體活動她幾乎從不參加，每天下課後就獨自在教室或操場上待一會兒，快上課了再回到教室。對於班上合作獲得的榮譽，當其他同學都歡呼雀躍時，她也漠不關心，好像這一切跟自己一點關係都沒有。如此一來，同學們與她的來往越來越少，漸漸地也都不喜歡她了，甚至在背後說她是個「怪胎」。

缺少知心好友的女孩

我們都希望自己的女兒活潑開朗、人際關係好，但許多女孩在學習和生活中卻顯得很不合群。她們不善於交朋友，自我表現欲不強，也不願將自己的想法告訴別人。其實，這是女孩個性孤僻、封閉的一種負能量表現。

孤僻、封閉的心態會為女孩的成長帶來一些心理問題，使她們在成長過程中難以應付各種複雜的人際關係，因而變得自卑、羞怯。這在一定程度上影響了她們的成長及正能量心態的形成。因此，不要以為女兒孤僻沒什麼大不了，而要採取正確的措施，來糾正女孩這種封閉、不合群的負能量行為和心理。

有的女孩之所以會陷入孤僻、封閉的情緒，多半是因為缺乏知心朋友。孩子的頭腦與成人不同，有時她們不肯也不願把自己的內心世界透露給大人。正因為如此，我們更應該多幫助她們，瞭解她們的內心世界，成為與她們無話不談的朋友。

成功的父母，都懂得如何與孩子進行正確的溝通。其實孩子不是不肯傾訴，而是在她說的時候你不用心傾聽，久而久之，她就不再願意將自己的心裡話告訴你了。所以，父母在聽孩子講話時一定要用心。不妨每天都與女兒單獨相處一定的時間，哪怕只有幾分鐘也好。你可以對孩子說：「嘿，我們一起去散散步吧！」或者說：「我們到房間裡單獨聊聊天吧！」在開始與女兒交談時，也要耐心地鼓勵她說話。為了讓女兒將談話繼續下去，可以用一些鼓勵的詞，比如「是這樣啊」、「我懂了」，也可以提一些簡單的問題引導她繼續表達。

與女孩溝通，是幫助她們對自己的內心感受深入理解的過程。在這個過程中，透過父母的鼓勵和引導，可以幫助女孩弄清自己所要表達的意思和想法，從而讓她們將自己想說的話準確地表達出來。

在女孩的成長過程中，父母的愛與溫情也很重要。跟女孩溝通時，要注意孩子沒有明說出來的一些思想、感情，學會聆聽和促使她說話，用愛和溫情滋潤女孩敏感的心。女孩子的心都是很細膩的，她們也很想得到父母的認同。所以，**別讓孩子感覺到你忙著做其他事而沒空聽她講話，這樣會使她覺得自己不重要。相反地，要讓她明白你是她最親密的朋友。**

當然，有些女孩孤僻、不合群也有自身的原因。例如，若她本身性格就比較內向、拘謹、喜歡獨處、不愛活動等，而父母又較少鼓勵她與朋友來往，這也容易讓女孩形成孤僻、封閉的心態。這時父母就有責任鼓勵和指導女孩學著多交朋友，建立更融洽的人際關係，讓她在愉快的人際交往中，漸漸擺脫孤獨、封閉的性格。

孩子不是不肯傾訴，而是在她說的時候你不用心傾聽，久而久之，她就不再願意將自己的心裡話告訴你了。

6 虛榮炫耀

以「迂迴策略」啟發女孩思考

年紀越大的女孩子，自尊心也越強。如果沒有好好引導，很容易會形成虛榮心，處處想表現自己比別人優越，不是比外型、穿著打扮，就是炫耀父母的身分地位。

虛榮心是一種脫離現實、盲目追求的心理狀態，通常建立在物質欲望的基礎之上。在生活中，每個人或多或少都會表現出一點虛榮心。而有研究顯示，在獨生子和獨生女中，有百分之二十的孩子存有較強的虛榮心，其中，**虛榮心對女孩的影響更遠遠大於男孩**。女孩一旦產生虛榮心，就容易失去分辨是非的能力，看不清事情的輕重。這種心理繼續發展下去，將導致在談戀愛和選擇未來伴侶時，也會更看重對方的容貌、物質條件等外在因素，而忽略對方的人品、修養、才華與個性等內涵。

宇婕才十二歲，穿戴卻樣樣都講究名牌。如果母親不給她買名牌衣服，她就大

哭大鬧，認為這樣很沒面子而不去上學。其實宇婕的家境普通，母親下班後還在社區當清潔工，父親在一家工廠上班。但為了滿足女兒，父母只好哄騙她，在她的衣服縫上名牌的標籤。宇婕當然也辨別不出真假，每次都被哄得開開心心的，在學校裡覺得特別有面子。

爸媽，請別再縱容女兒了！

許多家長都有這樣的困擾：女兒跟同學比誰打扮得好看，買東西要名牌的，上學要父母開車接送。父母的車一旦不夠好，孩子還會覺得沒面子……

有一位媽媽分享了她的經驗：「老師請家長參加班上的期末同樂會，我女兒不讓我去，說我沒工作，讓她沒面子。她要當記者的姑姑去參加，還叫姑姑一定要開車去。才國小三年級就這麼虛榮，長大以後怎麼辦啊？」

孩子的虛榮心太強，家長一定很頭痛吧？但不可否認的是，**孩子虛榮心的形成恰恰來自於家庭教育。**現代許多家庭都只有唯一一個寶貝女兒，做父母的總怕獨生女受委屈，於是對她有求必應。尤其有些父母不但不注重培養女孩的內涵，反而愛在一些外在條件上跟

以迂迴的問題與女兒溝通，利用適當時機向女兒表達自己的想法，有利於幫助她及時反省，並加以糾正。

別人比較，覺得自己的女兒不管吃的、穿的或用的都不能比別的孩子差；別的女孩子買什麼，自己的女兒也要買，絕不能讓人家比下去。在家長這種無意識的縱容下，女孩的欲望也會無限膨脹，負能量的發展遠遠超過了正能量。

另外，一些家長本身也很虛榮，為了展現自己的經濟能力好和女兒的與眾不同，常常費盡了心思。曾經有一則新聞報導，一位母親為了參加女兒的家長會，光化妝就用了兩個小時，還特地上美容院。有這樣的母親，又怎能讓女孩擁有好的心態呢？

一般而言，**女孩由正常的虛榮心理到過分的愛慕虛榮是一個逐漸發展的過程**，其間她會表現出許多明顯的跡象，例如：越來越在意自己是否漂亮，對衣著、文具等特別挑剔，開始抱怨父母不能滿足她的各種物質要求……當發現孩子有類似這樣的行為時，家長就要特別注意了。

為了導正這種愛慕虛榮心理的發展，家長不妨採取「迂迴策略」。可以心平氣和地以間接的方式問她：「你們班成績最好的同學，父母是做什麼工作的？」「你最喜歡的同學是誰？」「你覺得爸爸媽媽有哪些優點和缺點？」「你對我們家目前的一切感到滿意嗎？」這些問題其實就是在啟發女孩理解到：即使生活一般，爸媽也很愛我；朋友看重的是我的人品，而不是我的家境。這樣迂迴地與女兒溝通，利用適當時機向女兒表達自己的想法，有利於幫助她及時反省，並加以糾正。

此外，還要告訴女兒，坐擁名牌或財富不意味著就擁有較高的地位，名氣大也不代表就擁有別人的尊重。只有靠自己努力獲得的成就和財富，才值得別人學習和敬仰。

7 太強勢

教女孩學習「以柔克剛」的技巧

溫柔可說是女孩獨有的氣質，也是一種修養，更是一種智慧和正能量，會讓人覺得很舒服。也因此，**和大多數男孩相比，女孩多了一種「以柔克剛」的能力。**然而，如今有越來越多的女孩喪失了溫柔的天性，甚至表現得太強勢，變得蠻橫而霸道。

有些家長因為擔心女兒在外面受委屈，會這樣教育她：要是別人欺負你，你就動手打回去，絕對不能吃虧！但是對小女孩來說，她還缺乏辨別是非的能力，不知道什麼情況該還擊，什麼情況該溫和處理。結果只要發現別人不順從自己，她就想用拳頭來解決問題。久而久之，便形成了隨心所欲、沒規矩又盛氣凌人的個性。

六歲的銘銘雖然是個女孩，卻是同年齡小朋友中最蠻橫的，就連男生看到她都想躲得遠遠的。

有一次，銘銘和小瑜、娟娟兩個女孩一起玩。娟娟拿著一塊餅乾，銘銘看到了就非要吃。娟娟不願意給她，結果銘銘二話不説，動手就搶。小瑜見銘銘搶娟娟的東西，便一心護著娟娟，於是三個孩子發生了爭執。

銘銘的媽媽看到了，走過來説：「都別搶了，一人一半，娟娟分給銘銘一半。」説著，她直接把餅乾掰了一半遞給銘銘。

娟娟見自己的餅乾被銘銘分走了，很生氣地把另一半餅乾扔在地上，大聲説：「這是我的東西，我不願意給她！」

強勢過了頭就變霸道

銘銘媽媽的教育方法顯然是不恰當的，在發現銘銘有過於強勢的表現時，不但沒有及時制止，反而助長了她蠻橫、霸道的負能量情緒。

我們總是擔心自己的寶貝被人欺負。只要孩子受一點委屈，我們就心疼萬分。但父母要明白，若女孩的性格過於強勢，將會失去女性身上一種十分珍貴的氣質。

「溫柔」這個詞，會讓我們很自然地與**關心、體貼、同情、寬容等正能量**聯繫在一起。它似乎有一種無形的力量，可以將一切憤怒、誤解、仇恨、報復等負能量融化掉。

所謂「以柔克剛」就是，在溫柔的態度面前，那些斤斤計較、強詞奪理或蠻橫無知的

所謂「以柔克剛」就是，在溫柔的態度面前，那些斤斤計較、強詞奪理或蠻橫無知的人，會顯得十分可笑。

人，會顯得十分可笑。所以「溫柔」無論在成長或人際關係方面，對女孩來說都是很有助益的重要特質。

我們都不希望女兒以後變成讓人不敢親近、強勢而霸道的人。因此從現在開始，就應該**好好培養女孩身上特有的柔和性格。**例如，在女孩與他人相處時，教她保持友善的態度，面帶微笑；態度要溫和，說話時保持平和的語氣、平緩的速度和適中的音量，表現大方。久而久之，女孩自然會遠離強勢，變得溫柔起來。

8 三心二意

協助女孩做自己生命的主人

許多父母認為女兒比兒子好教。的確，與「桀驁不馴」的男孩相比，女孩顯得溫順乖巧多了，而且往往習慣聽從父母的安排，讓人省了不少心力。然而，如果女孩表現得太過順從，凡事沒有了主見，總是照別人說的做，那就不是一件好事了。

心蕊的母親對衣著的搭配很講究，對於心蕊自己配好的服裝，她總是完全否定，然後重新幫女兒搭配。

一天，她要帶心蕊去參加一個朋友聚會，心蕊問母親：「媽媽，我今天穿哪件衣服比較好？」

母親說：「隨便穿哪件都行啊。」

心蕊為難地說：「可是，媽媽，我真的不知道該穿哪件啊！還是你幫我選吧。」

> **父母別忘了，你的孩子是一個獨立的生命個體，也是自己人生的「主人」，這是任何人都無法取代的。**

請把自主決定權交還給她

女孩和男孩不一樣，在成長過程中更注重安靜，也更重視情感和人際關係。她們往往從小就懂得察言觀色，為了獲得疼愛而討好父母，贏得家人的讚美。有些女孩還會表現得很乖巧，很聽大人的話，認為這樣能讓父母更喜歡自己，久而久之便會變得沒有主見。

三心二意、缺乏主見的女孩往往優柔寡斷、易受暗示，容易形成不健全的性格。各位父母別忘了，你的孩子是一個獨立的生命個體，也是自己人生的「主人」，這是任何人都無法取代的。一個凡事都想著討好別人、要別人為她作主的女孩，長大以後會成為什麼樣的女人呢？

稍微想像一下就能明白，她可能變得容易慌張，不能自己做決定，遇到問題無法理智看待而只會向外界尋求幫助。這樣的女孩對於別人提供的建議，不是隨便採納，就是猶豫不決，或者乾脆讓別人替她作主，完全沒有自己的看法。

經常幫女孩安排她的生活，否定她自己的選擇，會讓她越來越失去自信。而且由於害怕犯錯，女孩不敢隨便做決定，時間一久，就變成缺少決定的能力了。

如果不希望女兒將來在各種複雜的選擇面前無所適從，從現在開始，請將自主決定的權利交還給她吧！事實上，**每個女孩都渴望能夠自己決定一些事情，並不希望每件事都由爸媽代為安排**，這也正是有些女孩與父母起衝突的原因。作為一個生命個體，每個女孩都有想要「證明自己」的欲望。因此，當孩子在某件事情上自己拿主意時，我們不要老是表現出抱怨、責備、嘲諷等負面回應，這會讓她失去選擇的積極性，變成一個缺乏主見的人。

當然，由於孩子年紀較小，缺乏生活經驗，因此有些選擇可能欠妥當，甚至是錯的。這時，我們不妨**給她一些建設性的意見，為她多提供一個思考的角度，讓她有斟酌的餘地**，而不是不分好壞對錯地全由孩子自己決定。如果因為女兒堅持就順著她的性子去選擇，那就是一種不負責任的嬌慣，以後她也會為此付出相應的代價。

對於一些無關緊要的小事，當我們表達了自己的意見後，女孩若仍然執意要依自己的決定行事的話，不妨就讓她按照自己的想法進行。只有事實證明了她的錯誤，下次她才會更願意接受父母的意見。不過要注意的是，對於關乎未來和前途的大事，就不能任由孩子去犯錯了。

9 情緒冷漠

女孩需要細心、愛心與耐心

心理學研究顯示，在即將進入青春期之際，女孩子會出現一段情緒冷漠期。這個階段的女孩，往往對外界的一切都不感興趣，也不再像以前那樣好奇。在她們眼中，一切都好無趣，因此這個時期的女孩也會顯得無精打采。

姝婷今年十五歲了。媽媽最近發現，女兒的話比以前少了。以前每次放學回來，姝婷都會跟媽媽聊聊天，現在卻變得不愛這麼做。有時她問一句，女兒才不情願地答一句，多問幾句她還會不耐煩。

媽媽一直認為這是女孩到了青春期時的正常表現，直到有一天她無意中看到了姝婷的日記。在日記中，姝婷寫道：

「最近不知道怎麼了，覺得生活特別沒意思，每天都不斷重複同樣的內容：吃飯、上學、做作業、睡覺……這麼枯燥的日子到底有什麼樂趣？如果生活一直都這樣，人生到底有什麼意義？」

這篇簡短的日記讓媽媽大吃一驚，不知道女兒是怎麼了？

陪伴女孩，重拾生活的熱情

家有女孩的你有沒有注意到，女兒看待生活的態度是否變得越來越冷漠？

大部分男孩子都很活潑好動，興趣廣泛，相形之下，女孩子則比較文靜。這也使得當女孩開始對周圍事物表現得冷漠時，許多家長認為她們只是「文靜」，是在慢慢成長為淑女。然而，**「冷漠」與「文靜」之間是有差距的。**如果我們不能及時發現女孩內心的冷漠情緒，任其發展，將會使女孩的負能量不斷增加，最終真的讓她變成一個冷漠無情的人。

情緒冷漠的女孩很難擁有積極、愉快的情緒，與正能量的情感也會背道而馳。事實上，冷漠就是一種情感的萎縮。這樣的心態讓她們難以深入社會生活，看不到人類心靈深處高尚、美好的特質，也看不到人生的希望。她們的內心深處充滿孤寂、淒涼和空虛，從而嚴重阻礙性格的健康發展。

對於女孩，我們要拿出更多的細心、愛心與耐心，關注她們的心理特徵，及時掌握她們對周圍的態度，幫助她們度過這段情緒波動期。**孩子最需要的是父母的理解和包容、支持與幫助，而不是簡單的拒絕、苛求、命令與干涉。**

發現孩子情緒不佳時，可以試著跟她聊聊天，傾聽一下她的煩惱。此時請讓她盡情傾訴，然後我們再將自己處理類似事情的經驗告訴她，讓她能夠有一個參考的依據。再加上及時的開導，幫助她盡快化解內心的不良情緒。

另外，我們還可以引導女孩多開發一些興趣，如畫畫、閱讀、運動等，帶她接觸各式各樣的活動，讓她的生活更豐富，也就更容易感到快樂。這樣一來，女孩將能順利度過這段冷漠期，重拾對生活的熱情。

冷漠就是一種情感的萎縮，會讓女孩的內心深處充滿孤寂、淒涼和空虛，從而嚴重阻礙性格的健康發展。

10 太悲觀

引導女孩正面思考

心思細膩的女孩容易「想太多」，例如，可能因為覺得自己能力不足，絕對做不到某件事，在這種比較消極的自我暗示下錯失了許多機會。父母的消極暗示也是導致女孩感覺「我不行」的主要原因之一。比如有許多女孩的數學成績不太好，如果家長認定「女生就是不擅長數學」，在這樣的暗示下，女孩在內心也會認定自己就是學不好數學。

小學三年級的小寧，功課還算不錯。她的父母都是上班族，每天下班回家後總忍不住抱怨：「今天的工作太多了，我都快累死了。」「每天的工作怎麼都做不完！」平常，父母也總是對小寧說：「你要是不好好用功，將來就會沒出息。」「你看爸媽現在多辛苦啊，每天早出晚歸，還要看老闆的臉色……」

在這種家庭環境中成長的小寧，也學會了每天唉聲嘆氣地說：「讀書真是太辛苦了！」「每次考試好像都很難，有許多題目我都做不出來。」

平常應多向女孩灌輸一些積極、樂觀的想法，讓她明白，困難只是短暫的，只要努力就能夠克服。

父母的積極態度影響重大

女孩子原本就敏感，外界一點點負面的「風吹草動」就可能讓她陷入悲觀情緒中。女孩的個性及看待生活的態度，是在父母的影響下培養起來的。如果父母總是消極而悲觀，那麼孩子肯定也學不會去看生活中光明的那一面。相反地，若家長是樂觀的，再大的困難在女孩面前也會顯得微不足道。

所以，要培養女孩有積極的心態，父母首先要學會樂觀。例如，當你要去公司加班時，對女兒可能有這兩種說法：「真是煩死了，媽媽今天要去加班，不能陪你了。」或者：**「媽媽的工作很忙，也很重要，所以要去加班。我晚上回來再陪你玩。」**

這兩句話看起來很相似，卻會對女孩的情緒和認知帶來不同的影響。第一句話會讓孩子覺得媽媽是被迫去加班，工作是一件令人沮喪的事。**第二句話卻會讓女兒認為媽媽很能幹，從而產生自豪。**

由此可見，平常應多向女孩灌輸一些積極、樂觀的想法，讓她明白，困難只是短暫的，只要努力就能夠克服。

此外，女孩子通常都有著豐富的想像力，卻常常不懂得利用這個優勢，尤其是自己以前從未想過、做過或覺得有困難的事，甚至連想都不敢想就直接放棄了。

此時，我們應該幫助女孩放開心去思考，讓她**遠離「女孩子不能做某些事」這種既定想法的限制。**當女兒對某件事感興趣時，可以鼓勵她想像一下自己成功的樣子，幫助她結合自身的實力去預測一下，看看自己做不做得到。而當她發現這些想法並非遙不可及時，自然就會萌生去做的自信，以及堅持下去的勇氣。

小心，這些話會影響女孩的好潛能！

——「成天只知道打扮，除了愛漂亮，你還會什麼?!」

父母可以這樣做

女孩跟男孩不一樣，她們對美好的事物有著天生的好感。所以，如果你的女兒喜歡漂亮的花裙子和美麗的蝴蝶結，千萬不要批評她除了愛漂亮之外一無是處，這會傷害她的自尊心。

即使你認為女兒太注重外表，而忽略了內涵的提升，也不要直接用罵的。最好的辦法是引導她建立正確的審美觀，讓她懂得內在美比外在美更重要。例如，可以這樣告訴她：「你穿上這件裙子當然漂亮，但更重要的是，你在爸媽心中是個自信、樂觀又懂事的孩子。」當女孩懂得除了外在美之外，還要具備豐富的內在美，她才能將精力和心思放在提升內在修養和自身能力上。

「動不動就哭，你有點出息好不好?!」

父母可以這樣做

眼淚似乎已成為女孩的代名詞，相信許多父母對此都有深刻的體會。事實上，哭泣具有正面的意義，可以幫助孩子宣洩內心的情緒，減輕壓力。然而，有的女孩天生負能量情緒就比較多，一遇到困難和不順心的事便哭得很傷心，此時，家長就要想點辦法了。

最好的方法不是指責她，不准她哭，這樣反而會強化內心的負能量。要讓天性敏感的女孩少流淚，應該鼓勵她明白地表達自己的難過，說清楚自己為什麼要哭。這時家長再給她一些安慰和鼓勵，可以幫助女孩更堅強。

第二章

女孩需要有內涵的教養

女孩要「富養」，並不僅僅指生活上的富足，更是指教育內涵的富足。富養不是要對女孩嬌生慣養，而是給予她充足而「正確」的愛，給予她幸福、寬鬆的成長環境，給予她更為精細的教育，開闊她的眼界，讓她的精神更加富足，人格更加獨立。

1 富養

讓女孩的存在潛能大大發光

有位藝人聊起了自己的童年：小時候，她住在外婆家，舅舅經常在領了薪水後，帶她到最高級的餐廳吃西餐。家人都認為舅舅會把她寵壞，舅舅卻說：女孩子從小就應該多見見世面，這樣長大後面對花花世界的誘惑才能不為所動，不然將來一塊蛋糕就能把她騙走了。

父母應盡可能地**為女孩營造一個富足、舒適的成長環境**，讓她從小對高品質的生活耳濡目染，當女孩長大後才不至於貪圖小利，才會氣質非凡。這樣的女孩更容易創造出有情趣、有追求、積極向上的生活。

早在娜娜出生前，爸媽就已經為女兒的成長做好了準備。爸爸特地買了與家庭教育有關的書籍，想從中找到教育女兒的最佳方法。媽媽則是替女兒選了家裡最好的房間當臥房，不但房裡空氣流通，光線充足，牆壁還漆了一種十分好看的

調和色，因為他們聽說這種色調有利於寶寶的視力發展。爸爸並在臥室牆上掛了幾幅名畫的複製品，希望娜娜從小就浸染在藝術氣息中。

娜娜出生後，爸媽更是特別注意營造溫馨的家庭氣氛。隨著女兒慢慢長大，也開始培養她的藝術欣賞能力，陪她讀書，讓她聽名家的樂曲，盡量帶她接觸各個領域的傑出人物，這些都幫助娜娜從小形成了積極、樂觀的良好心態。

真正的「富養」，不是指物質滿足，而是指精神上的富足，是帶給女孩一種溫馨、充滿正能量的生活氣氛。

培養判斷是非對錯的能力

所謂「富養」女孩，並不等於讓她們過著絕對富裕的物質生活，什麼都不缺。真正的「富養」，不是指物質滿足，而是指精神上的富足，是帶給女孩一種溫馨、充滿正能量的生活氣氛，這點遠比給她們金錢和溺愛有幫助得多。

就像故事中的娜娜，父母從小給她機會，**增加她對世界的瞭解。有了識人的眼光以及自己判斷事情的能力**，將來當她獨自進入社會，就不會輕易被眼前的浮華和虛榮迷惑。

而且，這樣的教養方式還能夠增加女孩的見識，開闊她的眼界，培養出她獨立、自信、有主見等正能量氣質。

2 丟掉嬌生慣養
讓女孩往正確方向成長

跟陽剛的男孩相比，女孩子天生就有一種嬌弱的特質，有的家長可能會覺得多寵她一點也是應該的，只要女兒提出要求，都盡量滿足她。久而久之，女孩養成了蠻橫、任性、冷漠、自私的個性，只要稍有不滿足，就大哭大鬧地耍賴。這些「寵」出來的毛病，也會讓女孩變得無法無天，甚至禁不起一點挫折。這應該不是父母所樂見的吧！

十三歲的怡然是個國中生，由於人長得漂亮，不管走到哪裡都引來別人的讚賞。怡然的家境不錯，父母對她寵愛有加，上學、放學都有爸爸開車接送。

一天，爸爸沒辦法到學校接怡然，就請怡然的爺爺騎自行車去接她。爺爺在校門口等了半天，怡然才和同學有說有笑地走出來。可是一看到衣著樸素、推著自行車的爺爺，怡然一下子就不高興了。她先是對爺爺不理不睬，後來乾脆對著爺爺大喊：「你怎麼穿成這樣來學校啊？真丟臉！」

被孫女如此對待，爺爺一連生了好幾天氣。爸爸瞭解情況後，責備了怡然幾句，沒想到她不僅不認錯，還理直氣壯地認為爺爺是故意讓她丟人。

規矩要從小訂立

富養女孩並不是一味地溺愛，讓她耍任性，也不是對她有求必應。**對女兒過度寵愛，很容易讓她變得依賴、懶惰、不願意承擔責任。**你也可能會發現女兒對長輩不夠尊重，或是對自己大小聲。這樣的女孩，非常缺乏面對未來的生存能力。

每個女孩在小時候都是純潔的小天使，父母所灌輸的想法和觀念，她們往往照章全收，並且會朝著那樣的方向成長。因此，父母**從小就要為女孩訂立一些對她成長有幫助的規矩。**例如，自己的事情盡量讓她自己完成；對人有禮貌，遇到熟人要主動打招呼，並且重視對父母和長輩的尊重與孝順。

每個女孩在成長過程中都像一株需要修剪的小樹苗，只有當我們丟掉驕寵孩子的心理，捨得為她做修剪，才能讓她朝著正確的方向成長，成為名副其實的超優質女孩。

每個女孩都像一株需要修剪的小樹苗，只有我們捨得做修剪，才能讓她朝著正確的方向健全地成長。

3 內涵的真富有

打造公主不一定要花很多錢

每個女孩都是父母心中的小公主，當然，我們都希望她是位優雅、聰明、機智又有氣質的公主。看到這裡，有些家長忍不住要問了：「這得花多少錢去培養啊？這樣的女孩不就是用錢堆出來的嗎？只有有錢人才辦得到吧！」

請你千萬別這麼想。富養女孩與有錢沒錢並沒有多大關係。因為「富養」的最終目的，就是讓女孩變得「富有」，但這種「富有」並非金錢或地位，而是用愛來充實她的內心，給她良好的教育，讓她精神富裕。

十二歲的晶晶家境並不富裕，平常沒錢買漂亮衣服或玩具，媽媽為此感到內疚。她下定決心要好好培養女兒，讓她成為一個氣質好、有內涵的女孩。

媽媽經常親手做衣服給晶晶穿。這些衣服雖然不是什麼名牌，但是晶晶穿起來很好看，經常受到同學讚美。晶晶也很喜歡媽媽設計的衣服，自稱是「設計師母親」的模特兒，並且為自己的時尚、不庸俗感到自豪。此外，媽媽平常對晶晶的要求也很嚴格。為了增強她的修養，每個週末都會陪她去圖書館，在那裡看書。

在媽媽的嚴格教育和用心培養下，樂觀、自信的晶晶成了懂事的氣質小公主。

每個女孩都有機會變「富有」

許多家長誤解「富養」的意義，以為只要給女兒錢花、讓她穿名牌、隨時有車接送、上高級餐廳、念貴族學校，就是富養了。這種觀念大錯特錯。這麼做只會使女孩的虛榮心逐漸膨脹。即使看起來氣質高貴也只是虛有其表，一旦遇到問題，虛榮的假象就會破滅。

「富養」女孩的關鍵，**「富」在家庭環境和家長的教育方式。溫馨和睦的家庭氣氛，最有助於女孩形成良好的品格。**同時，父母在教育女兒時懂得適時收放，該鼓勵時鼓勵，該批評時合理批評，女兒也會形成正確的人生觀和價值觀。「富」意味著**賦予女孩獨立、自信和樂觀，讓她擁有理性思考與判斷能力，眼光放得更遠。**這些特質，只要父母用心，每個女孩都有機會擁有。

讓女孩變得「富有」，並非金錢或地位，而是用愛來充實她的內心，給她良好的教育，讓她精神富裕。

4 富養也要講技巧

只滿足女孩的物質需求是不夠的

許多母親都有這樣的夢想：如果有女兒，可以好好幫她打扮，讓她穿得像個美麗的小公主。

是不是女孩子就非得裝扮甜美，抱著可愛的洋娃娃呢？是不是一定要用各種女性化物品，或糖果、娃娃來滿足孩子的各種需求呢？

當然不是。女孩在成長過程中所需要的遠不只這些。

美麗的外在無法幫助女孩獲得淵博的知識和養成良好品格，物質需求的滿足也不能帶給她心靈上的充實。

小女孩喜歡漂亮裙子、糖果和布娃娃，然而隨著慢慢長大，更需要累積知識和內涵。因為只有這些才能沉澱下來，伴她一生，成為她不斷成長、成熟的優質能量。

小盈的媽媽十分注重對女兒的教育。在小盈三、四歲時，媽媽就經常帶她去動物園、植物園，教她認識各種動植物。隨著女兒漸漸長大，媽媽開始帶她去不同的地方旅行，並且經常帶她去書店、圖書館，讓小盈廣泛閱讀各類書籍。當小盈遇到不懂的地方，媽媽還會及時給她指導。

當同齡的女孩只懂得炫耀自己漂亮的書包、美麗的裙子和各種零食時，小盈已經掌握了許多豐富的知識。

美麗的外在無法幫助女孩獲得淵博的知識和養成良好品格，物質需求的滿足也不能帶給她心靈上的充實。

累積獎勵

「富養」是一種內涵的教育，讓女孩在關注自己的服裝、飲食及娛樂的同時，更願意將注意力集中在吸收知識，以及培養好的個性方面。

一位母親在分享自己教育女兒的經驗時說，**「富養」是要講求技巧的。**

雖然家境好，但她與丈夫在教女兒時卻別出心裁，要女兒用自己的行動來「賺錢」。如果女兒這天表現得很好，例如不用爸媽催促就自己起床、收拾書包，放學回家後主動寫作業，或者做家事等，當她每完成一件事，媽媽就給她一張笑臉貼紙當獎勵。到了週末，母女倆便一起統計這一週得到的笑臉貼紙。這些笑臉貼紙可以用來兌換女兒玩耍的時間或零用錢。

這個方法實施一段時間後，女兒漸漸懂得，雖然她的家庭比較富裕，但她那些漂亮衣服和美味的零食，都是爸媽辛苦賺來的。同時，她更明白了一個深刻的道理：**金錢和豐富的物質享受都是靠自己努力爭取來的。**如果不努力，只知道坐享其成，最終只會一事無成，什麼都得不到。

相信這樣的教養方法，遠比整天對女孩耳提面命，叮嚀她要聽話、好好用功，或直接為她提供豐富的物質享受更有效吧！

5 女孩也要吃點苦

女兒沒你想的那麼嬌弱

父母往往要求兒子堅強，對於女兒，卻總是忍不住要加倍呵護，生怕她吃苦，或者受到任何委屈和傷害。然而，女孩有一天也會離開家，也需要獨力克服許多困難。一個老是被父母捧在手心的女孩，日後如何去應付複雜的社會？如何去面對生活中的挫折？

一個暑期戰鬥營開放給所有少男少女報名。在報名截止後，主辦單位發現參加的男生很多，女生卻只有四個。針對這個情況，記者隨機訪問了一些家長。

「請問您願意讓女兒參加戰鬥營嗎？」

有一位母親回答：「女生去戰鬥營太辛苦了，那是男孩子的活動吧。」

其他家長也紛紛表示贊同，他們不願意讓女兒報名戰鬥營的原因五花八門：天氣太熱，擔心女兒曬得太黑或中暑；女孩子吃不了這種苦；男孩子才需要磨練……

一味地保護並不是為她好

不要以為把女兒保護得好好的就是為她好。只有親身經歷到一些困難，她才能真正懂得去克服，而變得夠堅強、夠獨立。

這些鍛鍊可以融入生活體驗中，才不會進行一兩次就後繼無力。例如，鼓勵她參與志工活動；當課業遇到困難或友誼出現危機時，在求助之前，先試著自己解決。這些都是很好的練習。每一次挫折，都是女孩調整自己、提升自己、豐富自己人生經歷的機會。

此外，也可以針對女兒的缺點，為她安排相應的情境體驗。對於太嬌生慣養或太奢侈的女孩，不妨讓她參加農村體驗營之類的活動，介紹她認識家庭環境不同的同儕，參加前面故事中的戰鬥營也是不錯的選擇。

當然，**我們給女孩設定的「苦」一定要適量，要從她的年紀與個性上的特點來設想。**如果強加一些她根本無法完成的任務，不僅達不到鍛鍊她的目的，反而還會打擊她的積極性和自信心。

而當女孩憑藉自己的能力解決了困難時，也不要吝於給她誇獎和鼓勵，這是增強女孩正能量的最大助力。

6 這樣愛她就對了

給女孩豐富而適當的愛

與調皮又好動的男孩相比，女孩需要父母給予更多的愛。但是如果愛得不恰當，事事都順著她，或者對她犯的錯睜一隻眼、閉一隻眼，這種愛就會逐漸轉變成寵愛、溺愛，對女孩的成長有害無利。豐富而適當的愛，才是最好的愛。

一位成功的女性這樣回顧自己的童年：

小時候，我是一個非常平凡的女孩，總是無法讓其他人留下什麼深刻的印象。但是，從童年到現在，我始終都堅信自己是最棒的。

由於長得胖，小時候我曾被同伴嘲笑過。每當我感到沮喪時，我的爸爸總是特別認真地對我說：「我的女兒胖嘟嘟的，好可愛，我真想找世界上最好的畫家把她可愛的樣子畫下來！」

我也不夠聰明，參加比賽總是輸，有時還會被同學捉弄。但我媽媽總是不厭其煩地對別人說：「我女兒唱歌唱得非常好，還很會做家事。我覺得她是一個聰明又勤勞的孩子！」

就是在這些信念的支撐下，我不再認為自己的胖是缺點，也不再覺得自己笨。相反地，我覺得自己身上有很多優點：懂事、友愛、堅強……總之，我覺得自己很棒。

「女兒，你是最棒的！」

什麼是豐富而適當的愛？簡單地說，就是能**讓女孩的精神層面更富足的愛**。父母的鼓勵、讚賞、認可與包容，這些正能量都可以轉化成女孩的「精神食糧」，有助於她更樂觀和堅強，對未來充滿希望，對自己充滿信心。

不妨試著常常將這幾句鼓勵的話說出口：

「女兒，你很聰明，爸爸媽媽都很愛你。」

「爸爸媽媽相信你的能力。」

「在爸媽心中，你是最棒的。」

當女孩遇到傷心事時，把她擁入懷裡，輕輕地安撫她；當女孩感到害怕時，拍拍她的

父母的鼓勵、讚賞、認可與包容，可以轉化成女孩的「精神食糧」，有助於她變得更樂觀和堅強。

肩膀，給她鼓勵；當女孩遇到困難時，與她一起討論解決困難的方法；當女兒有所成就時，不吝給她讚美……

與此相比，請不要把這樣的話掛在嘴邊：「你真是越來越笨了！」「我怎麼教都沒用，你真是沒救了！」「你根本比不上×××！」

給女孩豐富而適當的愛，就是用溫暖、堅定、樂觀、自信、寬容、分享……等正能量情感，去充溢女孩最初那單純而柔弱的心靈，取代她內心的一些負能量，使其成為一生都能夠激勵她前進的信念，這才是對女孩真正的「富養」。

7 培養幸福感

父母的教養步調要一致

擁有幸福感的女孩，身上所具備的正能量一定會遠大於負能量。幸福感的培養，不是從舒適的物質條件產生，而是需要一個充滿了愛與溫馨、積極進取，並且內涵豐富的成長環境。最重要的是，**父母的教養步調要一致。**

麗麗是家裡的獨生女，爸爸自己開公司，媽媽則是一家公司的高級主管，家境非常優越。儘管如此，麗麗卻過著很「窮」的生活，從來不穿名牌，也不亂花錢，而且從沒坐過爸爸的賓士車上學。放學回家後，還要幫忙做家事。

雖然麗麗的成績在班上只能算中等，但她父母並不太在意。他們認為，女兒考試得多少分並不重要，重要的是她學到多少有意義的事情。

平常，爸媽很尊重麗麗的愛好。麗麗喜歡畫畫，於是媽媽幫她報名繪畫班，並在她生日時送給她一套畫具。麗麗喜歡英語，爸爸有時便把她帶去公司，讓她接觸一些與公司有來往的外國人，或是公司的外籍職員，讓她直接與外國朋友溝通，提升英語能力。

在這種自由、寬鬆的家庭中成長，麗麗感到非常快樂。

家庭氣氛也需要培養

在教孩子時，夫妻之間有時會產生一些分歧。例如，媽媽想對女兒嚴格一點，爸爸卻不想對女兒太苛求，於是矛盾就產生了。女孩當然喜歡被寵愛，所以自然會比較親近寵她的一方，敵視對她要求嚴格的一方。這樣一來，女兒是受寵了，可是父母對她的教育卻失敗了。而且，這種矛盾必然會影響到家庭氣氛的和諧。

相對地，在一種溫馨、健康、和睦的家庭氣氛下，無論遇到什麼事，一家人都能彼此商量決定。尤其在教養問題上，父母不妨先聽聽女兒的想法，讓她聊聊自己的感受，然後我們再說明教育她的方法，以及為什麼要這樣做。不但可以讓我們明白孩子內心的需求，

父母不妨先聽聽女兒的想法，讓她聊聊自己的感受，然後我們再說明教育她的方法，以及為什麼要這樣做。

女兒也能體會到父母的苦心。

在討論的過程中，**我們不要隨便打斷孩子的話，即使她的想法可能很幼稚、很可笑。也不要隨便批評任何人的觀點，更不要當著女兒的面為她的教育問題爭吵，即使出現分歧，也要心平氣和地溝通。**對女兒提出的不正確觀點，也要委婉地提出來，幫她糾正錯誤的認知，讓她時時刻刻都感覺到自己生活在一個公平、溫馨、有幸福感又有安全感的家庭中。

當然，討論出結果後，夫妻倆對女兒的教育態度就要保持立場一致，否則會讓孩子無所適從。在這樣的環境下，女兒也比較容易接受父母的教導，身心發育也會更健康。

8 大開眼界

激發女孩內心深處的好奇心

眼界決定境界，更會深刻影響一個女孩的未來之路是狹隘，還是寬廣。父母是不可能將女兒永遠留在自己身邊的，她們需要去見識更廣大的世界。而且，深藏在女孩內心深處的好奇心，也會促使她們衝破大人的保護傘，不斷探索、不斷發現與不斷成長。**對女孩真正的「富養」，可以帶給她們更寬闊的視野和思路，引領她進入一個更加豐富、充滿機遇與挑戰的世界。**

從茜茜才兩、三歲大開始，爸媽就教她學外語。但是，他們並沒有完全按照自己的喜好去教育女兒，而是慢慢引導茜茜喜歡上外語。例如，爸爸在牆上貼上了美麗的外語標誌，幫女兒買一些外國的原版兒童影片，還利用電視、網路、雜誌讓茜茜適當瞭解一些國際新聞。

雖然茜茜的家庭經濟條件一般，但爸爸每年都會撥出預算帶茜茜出國旅行一次，培養她的世界觀。

在父母的精心培養下，今年高中畢業的茜茜，順利地被國外一所知名大學錄取了。

從小女孩成長為風采獨具的女人

一位氣質高貴、出類拔萃的女孩，一定也是個眼界開闊的女孩。只有知識增長了，判斷能力增強了，女孩才真的不會受外界種種所誘惑，同時形成自信而獨特的女性風采。

增長見識的方法有很多，例如：鼓勵女兒多讀書並且讀好書，長期而大量的課外閱讀是拓寬知識領域最好的方法。經常去博物館、美術館參觀，讓她在享受「藝術盛宴」的同時，也加深了對於人類歷史、文明、文化及藝術的理解。偶爾還可以看看話劇、參加一些藝文活動，培養藝文欣賞能力。在經濟能力許可的情況下，每年一起外出旅遊幾次，國內旅行或出國都很好。

多給女孩一些拓展視野的機會，有助於她逐漸從封閉的家庭小環境進入開放的社會大環境中，從而讓她盡早瞭解外面那個豐富而鮮活的世界，還能培養她開朗、外向、善於溝通、樂於探索等優質性格。

9 自立心的訓練

對女孩要教養，而非馴養

一提到要訓練女孩子獨立自主，許多家長都會暗自搖頭說：「和女孩子談獨立實在太難了。」的確，相對於喜歡冒險、好出鋒頭的男孩，女孩子對父母的依賴有時實在超乎想像。

不過，每個孩子在成長的過程中，都是從依賴父母到逐漸學會獨立的，女孩也不例外。**獨立自主不僅指孩子在生活上能夠照顧自己，還包括行為與思想的獨立。**

有的家長擔心女兒年紀小，事情做不好，因而總是動手幫忙完成一些原本該她自己完成的事情。有人認為這是「愛」，其實這是剝奪了孩子的權利。這樣做，不但無法幫助女孩養成自立的能力，還會讓她的依賴性越來越強，最後甚至成為無法獨立做事與思考的人。

芳芳從小備受母親寵愛。為了讓女兒生活得更舒適，媽媽心甘情願地幫女兒做所有的事。上幼稚園大班時，芳芳不會自己扣釦子，每次都要等媽媽幫她扣。上小學後，因為不會自己整理書包，經常忘記帶作業而被老師責罵。由於依賴心過強，都已經上國中了，她卻連自己洗襪子都不會，許多同學都嘲笑她，芳芳也因此變得越來越自卑。

看著女兒越來越大，自理能力比同齡孩子差得多，媽媽才開始著急：女兒現在什麼都不會，以後長大了怎麼辦啊？

不要剝奪女孩成長的權利

疼愛女兒沒有錯，但芳芳媽媽疼愛的「方式」卻錯了。儘管每位家長都以愛自己的女兒為出發點，希望她獲得幸福，可是最終女兒的幸福，還是要靠她自己去獲得。如果事事都幫她辦好，以後她進入社會，面臨更多的困難、挫折時，你還能幫她一件件地處理嗎？而且，一個無法自立的女孩，你怎麼能期望她長大後能為自己的生活作主？一個連生活自主權都沒有的女孩，又何談幸福呢？

「富養」不等於嬌生慣養，也不等於把女孩當成寵物馴養。只有自己親身經歷過的成長才是真實的，女孩對此也才會有更深刻的體會。所以，如果你愛自己的孩子，從現在

只有自己親身經歷過的成長才是真實的，女孩對此也才會有更深刻的體會。

開始就應該**給她機會，為她創造機會，讓她去做她應該做的事。**即使孩子做得不夠好，即使她犯錯了，也不要剝奪她成長的權利。

例如，讓女孩自己穿衣服、自己收拾房間、自己洗衣服，還可以鼓勵她和大人一起做家事，讓她幫忙掃地、擦桌子、倒垃圾、洗碗等。在一次次親自動手的過程中，女孩不僅能夠掌握更多的做事方法，變得越來越自立，而且還會更加自信。**當內心的自信確立起來之後，她也就敢獨立面對問題了。**

10 鼓勵女孩挑戰自我

父母的激勵是強大的推動力

每個人在學習、工作和生活中，都會遇到困難，只有學會挑戰自我、激勵自我，才能克服障礙而成長。這點對於女孩也很重要。女孩子的天性比較溫和，如果再加上從小嬌生慣養，就會變得更嬌，缺少自我挑戰的精神，久而久之會失去自信，遇到困難也可能會輕易放棄。

這樣的情況是可以避免的。如果我們**從小就注意培養女孩挑戰自我的能力，鼓勵她凡事自己動手，不要害怕失敗，敢於面對困難**，那麼女孩不但能夠逐漸提升自己解決問題的能力，還會增加自信心，讓自己變得更勇敢，面對挫折時也會更加從容。

一位叫馮亦丹的十三歲女孩，揹著雙肩背包，只帶了大約一千多元，開始了獨自徒步一百多公里的旅程。這次活動是她父親提議的，雖然馮亦丹一開始感到有些不可思議，但在父親的鼓勵下，她還是勇敢地接受了挑戰。五天後，她抵達了目的地。雖然一臉疲憊，但她難掩勝利的笑容。她為自己能夠超越自我而感到驕傲。

最好的激勵方法就是讓女孩不要太在乎結果，只管盡力去做，在努力的過程中，女孩的能力同樣能夠有所提升。

不必在乎結果，只要盡力去做

在這趟旅程中，馮亦丹是否想過放棄，我們不得而知。但她能夠獨自完成這次挑戰自我的旅行，其間必然少不了許多自我激勵，以及獨立解決問題的能力。而這些能力的培養，受到家庭教育很大的影響。

父母及時給予適當的激勵，是女孩能否挑戰自我、超越自我的關鍵。只要在她感到怯懦、害怕、緊張或猶豫不決時，及時給她鼓勵，她就會充滿信心，也更有勇氣去挑戰困難。有的家長認為，放女兒自己去面對困難太狠心了，這樣不是疼愛，只有讓孩子隨心所欲才是愛。事實正好相反。在受到父母鼓勵時，女孩會感到有一股強大的力量在支持著自己，讓她有勇氣去面對問題。這個經驗會陪伴著她，以後再遇到困難時，無論是否有人激勵，她都會鼓勵自己去克服。

需要注意的是，如果事情的難度太高，超過了女孩的能力，那麼僅憑自我激勵也未必能成功，反而可能使她因此而自卑。所以無論是給女孩激勵，還是她自我激勵，我們都要幫助她衡量一下問題的難度是否超過了她的承受範圍。

最好的激勵方法就是讓女孩不要太在乎結果，只管盡力去做，在這個「努力」的過程中，女孩的能力同樣能夠有所提升，同時也體會到了挑戰自我的快樂。

小心，這些話會影響女孩的好潛能！

——「你的成績怎麼越來越差了？再這樣下去，什麼學校都考不上！」

父母可以這樣做

在女孩成長的過程中，上進的態度是非常重要的。有了上進心，不用父母提醒，她們也會主動改掉壞習慣。然而，上進心需要用心培養，而不是盲目刺激的。

對於一些男孩來說，由於他們性格中具有「好鬥」的因子，用激將法能使他們產生「我可以更好」的欲望。但對於敏感、自尊心又很強的女孩來說，如果經常這樣說她，她就會覺得爸媽不喜歡她了，進而自暴自棄。

所以，與其用這樣的話刺激女孩，傷害她們的自尊心，不如為她設定一個經過努力能夠實現的目標，讓她嘗到成功的喜悅。而當這個目標實現後，女孩往往會為自己設一個更高的目標，以提升自己。

──「你現在還太小，只會越幫越忙。別再給我搗蛋了！」

父母可以這樣做

也許我們認為女孩柔弱的樣子需要人疼愛，卻在無意間忽略了她也想自立的願望。兒童心理學研究顯示，孩子在小學期間，心理活動的主動性會明顯增強，更想去嘗試與體驗一些事情。所以當女孩提出要幫助爸媽做家事，或者要自己收拾房間時，我們應該給她這個機會。而且隨著年齡的增長，我們更應該逐漸放手，將做事的主動權還給她。

只要我們信任女孩，並適當地給予一些指導，她就能夠將事情做得很好，同時還增強了她的信心，鍛鍊了孩子獨立自主的能力。

第三章

趁早培養女孩的獨立意識

法國著名思想家蒙田說過：「對一個人來說，世界上最偉大的事就是如何保持自我。」有獨立意識的女孩能夠抵擋各種「抄捷徑」的誘惑，不依賴他人，不放棄個人努力。身為父母，我們都希望自己的女兒能夠如此，而這需要我們從小就有意識地培養她們的獨立自主能力，將來她們才能輕鬆適應社會，才更具有生存能力，遇到困難也能夠獨當一面。

1 爸媽別再當「孝女」
讓女孩發揮獨立的潛能

雖然現代教育強調五育並重，不過，仍然有許多家長將重心放在對孩子知識和智力的培養，特別是對女孩，凡是需要她們動手的事，都捨不得讓她們操心，全部由父母來承擔。可是這種過度擔心，卻讓女孩逐漸喪失了獨立的機會，做事缺少主動性的女孩，就連原本該自己做的事情也不願去做了。久而久之便養成了懶惰、依賴等壞習慣，缺乏基本的生活自理能力，凡事靠父母，成了「啃老族」。

一位媽媽很痛心地講起女兒的事：

女兒小時候，媽媽對她特別溺愛，覺得小女孩就應該被寵著、慣著，所以在家什麼都不用女兒做。上中學、上大學，到最後結婚，全家人都把她當成公主一般寵愛著。

然而結婚後，公婆卻不像父母那樣寵著她了。新婚剛滿一個月，女兒就哭哭啼啼地打電話給媽媽，說公婆和老公抱怨她什麼都不會做，還說她有「公主病」，只會吃閒飯。媽媽沒辦法，只能安慰女兒，但她很清楚，如果當時他們不那麼溺愛，女兒現在也不會面臨這樣的難題。結果不到一年，女兒就離婚了，媽媽感到十分後悔。

讓女孩覺得「我可以」

美國教育學家羅伯特·加涅（Robert Gagné）博士提出了**現代幼兒教育的十大目標，其中第一條就是獨立**，可見培養孩子的獨立性多麼重要。

一位母親在培養女兒的獨立性時，非常嚴格，從來不遷就她。當朋友問她為什麼對女兒那麼狠心時，她說：「我之所以不遷就孩子，是因為我想到的**不是孩子現在可憐不可憐，而是她的將來**。她不可能不離開父母獨自闖蕩。如果我們把女兒養在溫室裡，她就會變得嬌弱不堪，禁不起任何風雨。等她想自己獨立生活時，她會更可憐。」

家庭教育的目的，是要培養女孩各方面的能力。所以讓女孩獨立，才是對她的未來負責的表現。

家庭教育的目的，不僅是讓女孩過舒適、安逸的生活，還要培養她各方面的能力。所以我們應轉變觀念，不要認為讓女孩獨立就是不愛她，相反地，這才是對她的未來負責的表現。

美國家庭的做法是：嬰兒從剛出生就單獨睡小床，等到能夠握奶瓶了，就讓他們自己握著奶瓶喝奶，並且讓他們在有圍欄的床上獨自玩耍，讓他們自己扶著學步車走路。長大後，一切能做的事都要自己完成，同時要在能力範圍內幫父母的忙。成人以後更要完全獨立，自己解決生活問題。

我們應該瞭解，孩子無論做什麼事都有一個規律：從不會到會，從做不好到做得好。因此，**不要一味地要求完美，也不要看到女兒做不好就去代替她，這等於剝奪了她鍛鍊自己的機會。**如果對女孩多加鼓勵，她會漸漸感到「我可以」，也就有了自信。這種感覺非常重要，是培養女孩獨立性的一種動力。

2 「枴杖爸媽」漸漸退場

可以給她安慰，不能幫她決定

在女孩的成長過程中，父母就像是她們的「枴杖」，具有很重要的支持力量，只是在不同時期、不同的事情上，起著不同程度的作用。例如在嬰兒時期，幾乎所有事情都由父母來做，是孩子感到最安心的「枴杖」。不過，**隨著女兒一天天長大，家長也應該漸漸減弱自己的「枴杖作用」，一點點放手，給孩子更大的空間和信任，讓她逐漸從依賴變得獨立。**

事實上，女孩在很小的時候就會表現出一定的獨立欲望。例如，剛學會用筷子時，總是要自己吃飯，拒絕媽媽的幫助；想穿自己喜歡的衣服，不喜歡媽媽幫她搭配。這些都是渴望獨立的表現。

然而，許多家長總是擔心女兒年紀小，事情做不好，對孩子充滿不信任。於是，什麼事情都幫她想到了、做完了，讓女兒茶來伸手、飯來張口。結果呢？女兒因此失去了鍛鍊自己獨立生活能力的機會和條件。

婷婷的媽媽每天都去學校接她。當婷婷走出校門時，媽媽立刻走上前為她卸下肩膀上的書包，然後再遞上水或一些吃的東西。回家的路上，婷婷無事一身輕，邊走、邊吃還邊玩。揹著書包的媽媽則緊跟著女兒，還要大聲叮嚀：「走慢一點，小心別摔倒了！」

一天，老師問婷婷：「你放學後為什麼不自己揹書包回家呢？」

婷婷眨著眼睛說：「我想自己揹，可是媽媽不要啊！」

婷婷媽媽則不以為然地回答：「女孩子身體弱，她現在年紀小，書包太重了會累垮她的。」

不當「枴杖」，而是做榜樣

現在有許多家長動不動就說女孩太脆弱、太嬌氣，其實身為父母，我們更應該先回過頭來看看自己。事實上，一些依賴「爸爸牌枴杖」、「媽媽牌枴杖」生存的女孩，正是父母培養出來的。當女孩在生活上遇到困難時，就算只是個小難題，爸媽也急忙想辦法幫她排除；當女孩在感情上遇到挫折時，不管有多麼微不足道，父母也總是無微不至地給她慰藉和補償……我們似乎在向孩子傳遞這樣一種訊息：「女兒，你不用自己去解決難題，有爸爸媽媽照顧你！」導致女孩長大之後，無論在行為上還是在心理上，都離不

父母做女孩的榜樣，比當她的「枴杖」更有意義。尤其在培養獨立自主的能力方面，身教更是重於言教。

開她的「枴杖」。

其實，想讓女兒健康、快樂地成長，父母做她的榜樣比當她的「枴杖」更有意義。尤其在培養女孩的獨立自主能力方面，身教更是重於言教。與其天天耳提面命地告訴女兒「要獨立、要勇敢」，不如自己做好榜樣，讓女孩耳濡目染，相信教育效果更理想。

要做好女孩的榜樣，父母首先要營造一種寬鬆的家庭氣氛，**先確立自己哪些該管、哪些不該管，不該管的事便任其「自由發展」。**

其次是「生活獨立」。在家庭生活中，**父母自己能做的事盡量自己做，並努力做好，這樣才能為女孩樹立一個優質榜樣。**如果爸媽自己就是處處依賴他人、對什麼事都拿不定主意、動不動就尋求幫助的人，也不要指望女兒能夠獨立自主。家長的一舉一動以及品格，都是女孩在成長過程中模仿和學習的對象。

3 自己的事情自己來

讓女孩克服依賴心理

在大多數父母的眼中，女孩都是柔弱的，是需要人保護的，這種觀念，使得他們願意無條件地為女兒做任何事。

然而，這樣做的結果，卻可能使女孩成為一個事事依賴別人、沒有主見的平庸之輩——生活上依賴父母，學業上依賴老師，結婚後依賴丈夫……最終將自己定位為「弱者」，失去了自我。

其實，**女孩未必樂意凡事都由父母一手包辦，有時遇到問題也不一定全都需要家長的干預。**所以，當女孩能夠自己解決問題和處理困難時，請不要替她做。如果她請求協助，家長也不要「全包」，只要在一旁指導，教給孩子一些方法和技巧，具體的實踐必須鼓勵孩子自己去完成。這樣，女孩才能克服依賴，真正學到解決問題的能力。

軒軒很小時，她的媽媽就逐漸放手，很少主動替女兒做什麼了。軒軒摔倒時，媽媽只在一旁不慌不忙地說：「自己爬起來。」軒軒玩拼圖，怎麼也拼不好，媽媽就在一旁稍加指點，然後告訴她：「媽媽不幫你，你能拼好的。」總之，只要媽媽認為女兒能自己完成一件事時，就從不主動幫忙。

一天，軒軒放學回來後對媽媽說：「媽媽，我們班要去露營，可是費用要自己想辦法，不能向家裡要。我怎麼辦啊？」媽媽「狠心」地說：「這是你自己的問題，你要自己解決。媽媽建議你靠自己的本事賺錢。」後來，軒軒和幾個同學一起賣報紙，辛苦了一個週末才賺了不到五百元。

漸漸地，軒軒遇到困難不會先找爸媽幫忙，而是自己先想辦法。實在解決不了，她才向爸媽求救。事實證明，孩子在能力所及的範圍內，是完全能自己解決很多問題的。

以鼓勵取代指責

在女孩小時候，我們就應該特別注意去培養她獨立面對問題、解決問題的能力，不要讓她養成依賴的習慣。一旦形成了依賴性，再想改就難了。

當然，在處理問題的過程中，要讓孩子**逐漸學會判斷**、**決定和行動**，這些能力並非一下子就能鍛鍊出來的。所以，當女兒遇到困難時，**爸爸媽媽請克制自己「一馬當先」的習慣**，先分析一下立在女兒面前的障礙，她能否自己解決；如果認為她可以自己解決時，就不要插手。即使女孩感到為難，父母最多只給她一些適度的提示或示範，但不要代替她去解決。

需要注意的是，**當女孩遇到實在解決不了的困難時，父母不能為了要鍛鍊她而不聞不問、諷刺嘲笑、批評指責，甚至大聲斥罵。**這樣會傷害女孩脆弱的自尊心，讓她的精神更緊繃，反而失去了「我可以」、「我做得到」的勇氣和信心。此時，我們應該做的是給女孩一些鼓勵和信任，這也是刺激她堅決獨立完成任務的有效方法，而且會讓女孩感到身心愉悅。

4「你覺得要怎麼辦呢？」
引導女孩思考解決辦法

父母是女孩最可靠的安全屏障，最有力量和辦法保護女兒免受一切委屈和傷害。年幼的女孩，正是在父母的這種保護之下，逐漸建立起自信和自我防衛的能力，最終並脫離父母的保護，成為一個具有心理防護能力的獨立女人。

因此，對女孩來說依賴父母很正常。但隨著年齡的增長，這種依賴應逐漸減少，女孩應呈現出越來越多的獨立性，**內心有足夠的安全感支持她去探索周圍的世界**，而不是時時被各種恐懼和不安包圍。

由於父母的過度溺愛，不少女孩到了青春期之後，仍然依賴父母，這對她們的成長及獨立性的培養是不利的。這樣的女孩也會表現出許多負能量跡象：膽小、怕事、遇事退縮、缺乏主見、總是想找別人幫忙、屈從於別人、逆來順受、沒有上進心、遇到困難就驚慌失措、承受不了挫折和打擊……這樣的女孩，在長大後很難形成獨立、健康與自主的人格。

其實只要父母肯放手，鼓勵女兒自己去做事、自己做決定，信任她、尊重她，不要橫加干涉，女孩也會讓爸媽為她的成長感到驚喜。

一天，爸爸對剛上小學的女兒說：「多多，爸爸下個月要出差，不能來學校接你了。你覺得要怎麼辦呢？」

多多說：「讓媽媽來接我就可以啦！」

「可是媽媽經常加班，恐怕也不能接你。」爸爸說。

「那怎麼辦？」女兒有點洩氣。

「爸爸想請樂樂爸爸幫忙接你。你和樂樂一起放學，和他爸爸一起回來，你覺得怎麼樣？」

「好吧，也只能這樣了。」女兒顯然接受了。

當女孩要賴，家長不能心軟

有些父母總認為「孩子年紀小，不懂事，還是由我決定吧」，卻沒有意識到女孩也有自己的想法。如果她的想法得不到父母的關注，而且父母對她的事情過度干預，她的自主意識就會被抑制，做決定的能力也難以提高，變得缺乏判斷力。

生活中的大事小事都由爸媽一手包辦了，結果讓孩子養成了自私、依賴等毛病，缺少獨立的能力。

現代孩子的致命弱點就是不夠獨立。這種現象歸根究柢在於生活中的大事小事都由爸媽一手包辦了，結果讓孩子養成了自私、依賴等毛病，缺少獨立能力。

所以，從現在開始，不要再當女兒的「直升機父母」了，學會放手，鼓勵她們自己動手嘗試。例如，在女孩很小的時候，就讓她自己穿衣服、穿襪子、收拾玩具，這對幼兒來說可能要付出很大的努力，克服一定的困難。有些女孩一遇到困難就不做了，這時家長**盡量不要心軟，可以給她一些指導和鼓勵，鼓勵她堅持完成任務。**當女孩體會到自己動手的快樂時，也就逐漸培養了獨立生活的能力，以及對自己、對家庭、對社會的責任感。

5 給女孩更多空間

讓她盡情發揮

父母對女兒的保護和疼愛是應該的，但應該有限度。在教育女孩時，父母應該仔細思考：我們給女兒的愛，能否幫助她獲得幸福？**「過度保護」反而是對女孩成長權利的剝奪。**

十歲的南希，從小就受到「虎媽」嚴格管教。從她很小的時候開始，媽媽就幾乎完全控制了她的生活。不准她安排自己的時間，不准她看媽媽認為不好的書和卡通，不准她穿不是媽媽挑選的衣服，不准她與小朋友一起玩。在家裡，媽媽也不讓她做家事，她的食衣住行全部由媽媽負責……總之，她的一切都由媽媽決定，所有行動都在媽媽的監督之下。在學業上，媽媽也給了南希極大的壓力，要求她每次考試都必須拿到全班前三名，將來必須考上一流的大學，認為這樣南希的生活才會更好。

在媽媽的管束下，南希覺得自己就像一隻被關在籠子裡的小鳥。

孩子需要一點發呆的空間

父母的愛是無私的，然而，過度溺愛女兒，怕女兒受傷害，支配女兒的未來，不但剝奪了女兒的自主性，使她失去動手能力，還養成了懦弱的性格，導致她缺乏獨立精神，影響未來的發展。**與其培養一個人格殘缺的女兒，不如放開手，給女兒更多自己的空間。**

為了讓女孩盡早學會獨立，凡是她自己能做的事，家長一定不要插手。即使孩子做得不好或把事情搞砸了，也要堅持讓她做下去，不要因此就責備她或阻止她。一定要讓女孩多經歷一點挫折，多一些嘗試失敗的機會，讓她逐漸學會自己思考問題和解決問題。

我們**每天都應該留給女孩一些她可以自由支配的時間**，不要在安排了滿滿的功課之後，還幫她安排種種才藝班。女孩沒有了自己的意志和想法，會變得越來越懶散、消極。

我們要給女孩一些屬於自己的空間，讓她自主發展，父母只要適當引導即可，讓孩子更快樂、健康、自由地成長。在這個自由的空間中，女孩可以做一些她喜歡的事，比如做遊戲、交朋友、動手縫製玩具等，透過這些過程，可以形成自信心、自主意識、良好的自我認識和自我肯定。這些充滿正能量的意識形態，都是養成超優質女孩的基礎。

一定要讓女孩多經歷一點挫折，多一些嘗試失敗的機會，讓她逐漸學會自己思考問題和解決問題。

6 體會「嘗試」的快樂

提升生活能力，培養積極態度

許多女孩是家裡的小公主，不用說做家事了，就連吃飯、穿衣服都要父母幫忙。

其實，**不讓女兒動手，她會覺得自己很無能、沒用。**時間一久，孩子逐漸習慣了這種情況，便認為那些事情都與自己無關，這時才想讓她「動」就不容易了。然而，勞動可以提升女孩的生活能力，促使她獨立，讓她們日後善於以積極的心態去面對困難。

每當媽媽做家事時，六歲的雅雅總是喜歡一起參與，只是有時會越幫越忙。看女兒態度那麼積極，媽媽不想澆她冷水，不過，為了讓雅雅養成良好的習慣，媽媽與雅雅制定了一份「家事計畫」。

每週一，晚飯後由媽媽收拾房間，雅雅幫媽媽洗抹布、掃地。每週二，雅雅要自己去買，並讓她自己決定買什麼菜。每週四，雅雅要幫媽媽收拾碗筷和洗碗。

勞動可以提升女孩的生活能力，促使她獨立，讓她們日後善於以積極的心態去面對困難。

每週五，雅雅可以自行活動，比如收拾自己的房間、整理自己的書本等。週末，雅雅還要幫媽媽洗衣服。

在媽媽的引導下，雅雅漸漸學會了很多家事，自己也變得特別獨立又開朗。

小家事也需要大努力

即使年紀再小的女孩，也都渴望嘗試做大人能做的事，**光是這種「嘗試」的快樂就是無可取代的。**所以，當她試著要做家事時，父母不僅不要制止，還應該多鼓勵。如果擔心女兒幫倒忙，可以像故事中的雅雅媽媽一樣，與女兒制定一個計畫，規定一些女兒能做到的事，然後引導她按照計畫做。女兒從中既能體會到做家事的樂趣，還能學會有計畫地完成工作。

當女兒在家事勞動中表現不錯時，父母別吝於你們的肯定和讚賞，這會讓她體會到做家事的快樂和對成功的滿足感。**即使做的都是一些小事，但對於她來說，這已經很了不起了。**父母的鼓勵和讚美，可以讓女孩更樂意參與勞動，更能啟發她做事的積極度。

7 學習承擔責任

女孩獨立的第一步

生活太安逸是現代「小公主」的生活寫照。沒有任何壓力，一切有爸媽頂著，自己從來不必操心，覺得所有事情都與自己無關，只要自己舒適、快樂就行。如果你的女兒也是這樣，小心她得了「公主病」。**有「公主病」的女孩缺乏責任心**，這點往往伴隨著嚴重的後果。很多家長認為男孩子才要有責任感，這種觀念是錯誤的。每個人都有應該擔負的責任。一個現在無法對自己做的事負責的女孩，將來又怎麼會對她的工作、事業、家庭有責任感呢？

一位外籍母親帶著八歲的女兒到臺灣朋友家作客。女主人為了招待外國朋友，特地做了西餐，女孩覺得她做的西餐一定不好吃，於是堅決地表示不吃。可是，當女主人把餐點端上桌時，小女孩一眼就看到了漂亮的冰淇淋，立刻伸手去拿。女主人高興地把冰淇淋端到女孩面前，但女孩的媽媽卻很嚴肅地制止了孩子的行為，她要求女兒對自己說的話負責。

女主人覺得朋友太嚴厲了，勸她讓女孩吃冰淇淋，但這位母親堅決不允許。她說：「她需要對自己說的話負責，這樣才能培養她的責任感。」因此，雖然女孩一直哭鬧，最後還是沒能吃到冰淇淋。

學會對自己負責

一定要讓女孩對所做的事和所說的話承擔責任，下次她才能不再犯錯。同時，讓女孩學會對自己負責，她才能完全獨立。這種教育方法，就是法國教育家盧梭（Jean-Jacques Rousseau）所說的「自然懲罰法」，**讓孩子接受自己所做事情的結果。這也是孩子的一種自我管理方法。**

要培養女孩的責任心，可以從生活中的細節著手。例如，如果女兒每天都要爸媽三催四請才甘願起床上學，請告訴她，從現在開始，她得對「自己上學」這件事負責，所以每天早上必須自己準時起床。如果起不來而遲到了，你是不會幫她向老師求情的。

責任心不是短時間能培養起來的，需要家長持之以恆的努力。讓女孩為她自己做錯的事負責，比替她負責更重要，因為在改正錯誤時所悟出的人生道理，會令她終身難忘。

讓女孩為她自己做錯的事負責，比替她負責更重要，因為在改正錯誤時所悟出的人生道理，會令她終身難忘。

8 培養有條不紊的能力

利用「收藏」，學會整理

女孩會把自己的書桌收拾得乾乾淨淨，並且保持整齊。女孩的課本包著美麗的書套，整潔如新。女孩能把事情安排得井井有條、規規矩矩……的確，與粗心、好動的男孩相比，細心、安靜的女孩做事更有條理。

這樣看來，「缺乏條理」似乎與文靜、優雅的女孩沾不上邊？

實際上，做事沒有條理的女孩也不在少數，例如，有的女孩習慣把東西到處亂扔，要用的時候卻找不到；有的女孩書包裡經常亂七八糟的，不會整理……這些都是缺乏條理的表現。

教女孩做事有計畫、有條理是非常重要的，有助於讓她有條不紊地處理各種難題。

一位父親這樣教導自己的女兒：

李先生是位收藏愛好者。他發現女兒豆豆做事非常沒有條理，常常亂放東西，用的時候又拚命找。為了讓女兒養成有條理的好習慣，他想出了一個好辦法。

這天，李先生對豆豆說：「一個人如果喜歡收藏，他就會感到很快樂。」

豆豆有些懷疑地問爸爸：「是嗎？那應該收藏什麼呢？」

「什麼都可以。比如你喜歡畫畫，就可以收藏各種美術作品。」

豆豆說：「那很容易，我會收藏好多好多的畫。」

李先生說：「『收』容易，『藏』就不容易了。『藏』是分門別類，就是學會條理化。」

接著，他介紹女兒瞭解一些收藏知識，也就是如何將所收藏的資料按照一定的標準分類。在爸爸的指導下，豆豆先學著把自己的書分門別類地整理了一下。她把常看的書放在比較明顯的地方，暫時不看的書則放在其他地方，這樣在找書時就會非常方便。

更重要的是，在爸爸的指導下，豆豆學會了做事有條理。例如，她還學著將書包整理得乾淨整齊，把課本都按順序放好，這樣只要手一伸進書包，摸到第幾本書就知道是什麼，再也不會亂了。

神奇的「一一對應法」

在日常生活中，不管做什麼事，父母都要鼓勵和引導女孩做得有條有理。例如，房間擺設得井井有條，用過的東西放回原處，以免需要時找不到；晚上睡覺前整理好書包，並且準備好第二天要穿的衣服等。當然，父母本身也要有條理、有計畫，從細節處幫助女孩養成好習慣。

在這個過程中，如果女孩特別迷糊，我們還可以嘗試**「一一對應法」**，如在彩色筆和放彩色筆的位置貼上對應的圖案。生動鮮明的圖案可以提醒她將物品放回原本的位置。

9 尊重女兒的自由意志

有時父母也要閉上嘴

擔心自己的小孩受到傷害，這是做父母的本能。但如果因此而對女兒過度保護，反而可能會剝奪她的自由意志，犧牲了她成長的機會。

教育專家認為，**父母這樣做其實是一種自私的表現。**他們擔心自己的孩子受到傷害，深層意義是萬一孩子受到傷害，自己的感情會受到更大的傷害。過度保護會讓女孩失去自信和勇氣，久而久之，產生一種依賴心理，凡事缺乏主見，漸漸喪失了獨立性。

在文具店裡，有個女孩問母親：「媽媽，我可以買一個鉛筆盒嗎？」

母親點了點頭。

女孩又問：「媽媽，你覺得我買唐老鴨的比較好，還是史努比的呢？」

母親說：「買個有海灘風景的吧！」
女孩有些遲疑，但是過了一會兒，她還是拿了一個海灘風景圖的鉛筆盒。

以商量的語氣與女兒溝通

很顯然，這個女孩已經不自覺地學會了事事徵求父母的意見，並養成了每件事都順從的習慣。

在傳統的家庭教育中，父母總是抱著一種「大人絕不能讓小孩吃苦」的觀念，並不是幫助女孩獨立思考、獨立解決問題，而是對女兒「不遺餘力」地代勞。

其實，只要不是原則性的問題或危險的事情，我們都可以支持女兒自己做決定，甚至不妨多為她提供這樣的機會。

有些家長雖然嘴上說尊重孩子的決定、讓孩子自己作主，實際上卻在一旁不斷地引導孩子：「你這樣做是不行的！」「你應該那樣做！」「你這個選擇很可笑！」「我不准你和×××來往。」……類似這樣的話，不僅不是讓女孩自己做決定，反而讓她覺得父母的話說一不二，她只有服從父母的意志才行。實際上這還是剝奪了孩子自己作主的權利。

所以，家長應該**多為女孩創造一些單獨思考、學習和玩耍的時間與機會**。如果她一

只要不是原則性的問題或危險的事情，我們都可以支持女兒自己做決定，其至不妨多為她提供這樣的機會。

時拿不定主意，或者她的決定偏離了正確的方向，家長也不要馬上替她決定。**不妨以商量的語氣與她溝通一下。**例如：「這件事怎麼做會更好呢？我想能不能這樣做？」「媽媽覺得，你先完成作業再看電視可能會更好一些。」這種表達方式會讓女孩感受到被尊重，從而幫助她建立獨立思考的意識，提高她依照自己的意願，主動處理問題的能力。

10 自己管理零用錢

從小學理財，長大不當月光族

有的家長擔心孩子過早或過多地接觸錢，日後容易把金錢看得太重要，將影響孩子的品格，尤其憂心女孩子長大後會變得俗氣，影響到判斷力。其實這種觀點是錯誤的。從小缺乏金錢概念的女孩，日後接觸可能會對金錢形成一種錯誤的意識。因為總是看到大人把喜歡的東西「買」回家，當她們有了需要時，也自然認為父母都能買給自己。**如果孩子不知道金錢是需要辛苦賺來的，她就不可能珍惜父母的辛勞，而任意揮霍。**

芸芸小的時候，只要是她喜歡的東西，爸媽都會送給她。長大後的芸芸認為金錢可以買來一切，所以對任何事都是一副無所謂的態度。可是她的薪水不多，是個「月光族」，沒錢了就回家對父母伸手，說：「媽媽，我手頭沒錢了，可不可以資助我？」她的父母已經退休了，還要負擔女兒的生活費，因此生活很拮据。為此，媽媽經常抱怨女兒亂花錢，更擔心家中的積蓄花光後，女兒要怎麼辦？

及早培養女孩的理財觀，不但能養成女孩勤儉的習慣，對建立獨立性也很有幫助。

從理財也可以學獨立

錯誤的金錢觀念，讓女孩長大後不知道珍惜金錢，同時在經濟上也容易形成對父母的依賴。所以，我們要及早培養女孩的理財觀，例如讓她學會管理自己的零用錢，不但能養成女孩勤儉的習慣，對建立獨立性也很有幫助。

對五、六歲的小女孩，不妨固定給她一些零用錢，但數目不要太大。**發零用錢時，先告訴她這些錢該花在什麼地方、怎麼花，然後教她做一個計畫，並監督她嚴格按照這個計畫去做。**如果女兒把零用錢提前花光了，又伸手向父母要，此時父母就要問明情況，然後再決定給不給、給多少，並相應地減少下一次的零用錢。

若女兒要錢的要求不合理，家長一定要嚴辭拒絕，並向她講明道理。例如，明明已經有很多娃娃了，女孩還纏著爸媽買新的。這時家長應該告訴她：「家裡已經有那麼多娃娃，沒必要再買了。爸媽賺錢不容易，你要懂得珍惜我們辛苦工作賺來的錢。」一般來說，上學後的女孩都能接受這些道理，並適當約束自己的行為。

平時家長還應鼓勵女孩利用自己的努力賺錢，並讓她將這些錢存起來，例如可以**用集點的方式，鼓勵她達到某個目標。**這樣不但能讓女孩深刻體會到賺錢的辛勞，同時也感受到被認可的快樂。在未來的人生路上，她們會選擇透過自己的努力來獲取自己需要的東西，而不是依賴別人。

小心，這些話會影響女孩的好潛能！

——「有什麼事，爸爸媽媽會幫你！」

父母可以這樣做

當女兒遇到困難向我們求助時，我們總是會扮演「救世主」的角色，想盡快把女兒從困境中「解救」出來。然而長此以往，當她遇到困難時，便不願自己想辦法解決，而只想找人幫忙。這樣的女孩就像一隻籠中鳥，既不會飛，也不會捕捉食物，難以在社會上立足。等到有一天，父母再也幫不了她時，她就會陷入無助、惶恐的狀態中。

事實上，每個女孩都有自己面對問題、解決問題的能力。當她遇到困難時，父母要做的不是急著出手打點一切，而是鼓勵她靠自己的力量去解決。唯有如此，女孩才能更有信心、更有勇氣面對未來所遇到的一個個難題，也才能從容地面對人生。

──「你年紀還小，沒辦法自己作主，還是聽爸媽的比較好。」

父母可以這樣做

如果經常這麼對你的女兒說，會讓她變得越來越沒有主見，日後遇到問題也不知道該如何解決，只想找爸媽幫忙，可是父母畢竟無法一輩子都陪在她身旁。

在女兒很小的時候，父母的確可以幫她做一些決定，但當她表達想要自己決定的意願時，請不要因為覺得她還小，就剝奪她的自主權，而失去了培養她獨立性的機會。

平時可以從一些小事著手，盡量給女孩自己作主的空間。例如，要梳什麼樣的髮型、穿什麼顏色的衣服、戴什麼飾品，還有要買什麼口味的餅乾、用什麼花色的毛巾等，都可以讓她自己決定。從生活小細節培養女孩的主見，未來當她遇到考大學、工作等大事時，也就不會不知如何抉擇了。

第四章
增強女孩「剛柔並濟」的能力

近來掀起一陣中性風，打破了傳統對女孩子的刻板印象。這些剪了超短髮、穿著打扮皆中性化的女孩，顯得很有個性，但是有些家長不免會擔心自己的女兒「沒有女孩子樣」。事實上，只要建立正確的自我認識以及對性別的認知，無論女孩是中性化或女性化，同樣魅力十足！

1 不受限於傳統

培養女孩大方的潛能

行走在大街上，穿梭在校園中，經常可以看到許多中性氣質的女孩。一頭清爽短髮、一襲簡單的運動衫和一雙樸素的球鞋是最基本的打扮。有些女孩會掛一些ＤＩＹ的項鍊配件、褲子再多縫些補丁等，就成了時尚的中性女郎。

當然，女孩的許多中性化特質不只表現在服飾上，還包括行為舉止、性格、語氣等方面。中性的女生往往不拘小節，個性開朗直爽，能獨自扛起責任。她們內心強大，在生活中氣場十足。

十五歲的琪琪被同學們稱為「超人類」、「琪哥」。因為她不但功課好，籃球、排球等各種運動也總少不了她的身影。

在同學們看來，琪琪除了各方面的能力都比較強外，她的中性裝扮更是引人注目。琪琪從來沒留過長髮，而且總是穿男生穿的球鞋、T恤等。

不僅如此，她的個性也很像男生。有一次，班上有個女生被別班的一個男生欺負了，琪琪知道後，立刻找那個男生理論，並要求對方道歉。班上的女同學擔心琪琪惹惱了那個男生，會對她不利。但琪琪大聲說：「怕什麼？他做錯了事，就必須學會道歉！」那個男生見琪琪太「厲害」了，對他的恐嚇毫不畏懼，只好向被欺負的女生認錯。

中性的女生往往不拘小節，個性開朗直爽，能獨自扛起責任。她們內心強大，在生活中氣場十足。

男女「雙性化」的正向意涵

現在大多數的家庭都只有一個孩子，一些父母為了增強女孩的社會競爭力，往往不自覺地對女兒採取中性化教育，把女兒當成兒子來教。

此外，社會上各種中性化明星的影響作用也非常大，形成了女孩的模仿風潮，裝扮得像個男生。

有些人還是會認為「女孩就要有女孩子樣」，但從心理學的角度來看，**性別角色也不應極端刻板化。**一個太女性化、極端陰柔的女孩，往往也有勇氣不足等問題。相反地，兼具男女性優秀特質、剛柔相濟的女孩，在許多環境中要比一般的女性表現得更出色，也更具有正能量。她們自信、勇敢、善於抓住機遇、挫折抵抗力強、心胸開闊、有冒險精神……

所以，美國心理學家桑德拉·貝姆（Sandra Bem）提出了男女「雙性化」的概念，即**培養一個人同時兼具男性特質和女性特質，認為這是一種理想的人格模式。**從這個意義上來講，女孩適當地中性化是有其正面意義的。

2 建立正確的交友心態
理解、包容和尊重女孩

中性化的女生，個性可能像男孩子一樣直爽、灑脫，動作大剌剌的，愛開玩笑，容易與周圍的男孩打成一片。有時甚至和男生稱兄道弟，這在一定程度上滿足了她們青春期渴望與異性交往的心理需求。

霏霏從很小的時候開始就喜歡打扮成男孩的樣子。她喜歡穿鬆鬆垮垮的衣服，留短髮，經常和男生在一起玩。媽媽覺得很奇怪，問她：「你為什麼總是跟男孩子一起玩呢？整天瘋瘋癲癲的！你看李阿姨家的真真，文文靜靜的多好！」

霏霏卻不屑地說：「哼，文文靜靜有什麼好？你看看文文，她的朋友中一個男生都沒有，她甚至連怎麼跟男生相處都不會，和男生說話時都會臉紅。媽媽，難道你認為女孩子就應該這樣嗎？」

媽媽聽了，竟然一時語塞，不知道女兒說得是不是有道理。

父母給予適當指導和提醒

小男孩和小女孩都喜歡跟自己的父母一起玩。可是等他們再長大一點，更渴望的是擁有同齡朋友以及自己的人際圈，尤其對於異性朋友會感到特別新鮮。有的女孩為了結交男性朋友，與他們相處得更融洽，還會刻意打扮得中性化以拉近距離。

面對這種情況，父母難免會產生莫名的擔憂：一個女孩子那麼粗線條，會不會太沒有女孩子樣？這麼常和男孩子在一起玩鬧，不去管她會不會出事？父母的這些顧慮都是可以理解的，但從孩子成長的角度來說，**到了青春期，開始關注異性，渴望異性的友情，是十分自然也十分必要的事。**

當然，由於孩子的思想還不夠成熟，父母應給予適當的指導和提醒。例如，可以告訴女兒：「爸媽支持你交男性朋友，不過，我們也不一定非要把自己的一些美好的女性特質忽略掉，像是溫柔、大方、整潔等等。只要你真誠地與他們交往，男孩子並不會因為你是女生而不理你。相反地，他們還會更欣賞你，更喜歡和你當朋友。」

最重要的是，**無論中性化還是女性化，都是女孩的個人特質，我們要學著理解、包容和尊重。**

3 彈性看待「不一樣」

教女孩學習欣賞與認同

有些父母刻意把女兒教得比較中性化，以為這樣她將來就不怕受欺負，可以加強在社會上的競爭力。然而，這種教育方式卻讓越來越多的女孩顯得太過「堅硬」，而失去了彈性。

小芬是一個十五歲女生，總是留一頭超短髮，穿著寬寬大大的衣服，大步走路，行為和打扮都很像男生。

原來，她的父母經常吵架，爸爸還對媽媽家暴。媽媽希望女兒不要像自己一樣那麼軟弱，所以一直都把小芬當男孩來養，要她堅強，這樣才不會被人欺負。

堅強不是男生的專利

女孩中性化形成的原因有很多。由於升學和就業的壓力，女孩隨時都要與男孩一起競爭，所以在現代社會中，**堅韌、剛強、富有冒險精神等特質，已不再是男孩專屬。**與此同時，處於青春期的女孩還容易受到潮流的影響，把自己打扮成中性化的樣子，希望凸顯個性。

有些小時候表現得較中性的女孩，隨著漸漸成長、生活環境的轉變等，長大之後變得女人味十足。女性化有女性化的魅力，中性也有中性的特色。父母當然都希望自己的女兒擁有「典型」的女性特質，但最重要的是讓她**培養正確的性別認知，對自己有自信，待人處事有彈性。**

對於中性化的女孩，母親的角色很重要，不妨陪伴她一起認識女性特質，如賢慧、整潔、舉止優雅、喜歡打扮等，並學會從不同的角度來欣賞與認同這些特點。

4 性別是女孩，意志勝男孩

激勵女孩發揮性格優勢

一個優質的女孩，應該既具有女性的鮮明特質，又能夠巧妙地融合男性特質的優點。

國二的小沐個性大剌剌的，喜歡和男生在一起玩。媽媽問她為什麼不多跟女同學相處，她說：

「女生想太多又小心眼，還愛聊八卦。有時候別人一句不經意的話，就可能把她講哭，一個不經意的動作，她們就覺得別有含義。跟這些女生在一起太累了！男孩子就完全不同了，他們才不會計較那些雞毛蒜皮的小事，就算前一分鐘吵架，下一分鐘馬上就和好了。這樣多好！」

媽媽聽了之後點點頭，但還是告訴小沐：

「雖然你喜歡跟男生一起玩，但還是要記得自己是個女孩，而且媽媽覺得女孩子很好。何況，也不是所有女生都那麼小心眼。在與她們相處時，只要你像男孩子一樣大方、寬容地對待她們，一樣可以和她們當好朋友。」

在媽媽的引導下，小沐漸漸也喜歡與女同學在一起，並且個性也變得細膩了許多。

順著女孩的本質走

在培養個性偏中性的女孩時，**父母要善於引導，肯定她的優點。但同時也要讓她明白，自己應該發揮女孩的特質。**將這兩點相結合，這個女孩的身上就會既有男性的堅強、獨立，又保有女性的柔美風采，成長為一個真正優質的女人。

在鼓勵女孩學習男孩子的一些優點時，**一定要順其自然，不能威逼強迫，更不能走極端**，否則效果會適得其反。另外，引導女孩向異性學習時也要注意分寸，仍以她本身的性別特質為主，再兼容男孩個性中一些優秀的部分，激發女孩發揮出自己的性格優勢。

5 父母有清楚的定位
明瞭在女兒生命中的角色

父親和母親由於性別與氣質的不同，對女兒的影響力也不一樣，因此，**父母要先確立自己在家庭中的角色定位，以更清楚自己為女兒帶來的影響。**

大部分女孩都會把母親當成自己模仿的對象，經由許多細節，感受母親傳達給自己的人生觀，以及關於自我、小孩、男人與生活的想法。除了在生活和精神上給予指導與關懷之外，母親對女兒的體態與言談舉止等影響，也比父親來得大。

而從父親那裡，女孩瞭解與體會到的多是權威、力量、冒險、堅持、理性以及自尊等特質。

透過父親的示範，女孩得以將這些優秀的特質和人生必備的智慧，自然融入自己的思維中。

小瑩是個溫柔、善良的小女孩，大家都很喜歡她。從很小的時候起，爸爸就帶她出去旅遊、爬山，鍛鍊她的耐力和意志力。不過，媽媽也沒有忽略了對小瑩的教育。小瑩喜歡跳舞，媽媽就幫她報名舞蹈班，以培養她的耐心和氣質，平常還會引導她讀一些好的課外書，豐富她的知識。

在父母的耐心培養下，小瑩不僅具備女孩的溫柔、大方，還具有男孩的堅強、獨立，讓她的爸媽十分欣慰。

父母要發揮雙重影響

父母是孩子最親近的人，要明確瞭解自己在女兒生命中的角色。父親作為男性，應讓女孩看到責任、力量、勇敢、堅定等特質，讓她從父親身上學到這些優點；身為母親，則應讓女孩看到溫柔、善良、賢淑、優雅等特質。母親還應耐心地教導女兒，給女兒做好榜樣，讓女兒自然而然地具備這些特質，成為一個人見人愛的女孩。

相反地，如果父母在家中的定位不明確，父親過於軟弱、陰柔，而母親過於強勢、霸道，**尤其是在與女孩的關係處理上喪失了原本的父母角色，都可能導致女孩的性別意識變得混亂。**

所以，提醒家有女孩的父母們，在女兒面前一定要站穩自己身為父親和母親的角色。

在女兒面前，一定要站穩自己身為父親和母親的角色，發揮雙重影響，才能教養出身心健康的女孩。

通常來說，父親是家庭的保護傘，也是女孩走向社會的引路人。父親的示範和啓示，可以幫助女孩樹立遠大的志向，擁有完整、堅強的精神，這也必將影響到她今後的人生。母親則會讓女兒心懷善意，學會體貼包容他人。在父母雙重影響下的女孩，會成長為一個身心健康的女孩。

6 愛她，請不要挑剔她

爸爸經常給女孩積極的心理暗示

對於女孩來說，「爸爸的話」往往代表著權威，就像是刻在她心裡一樣，很難抹去。所以各位父親們要注意，平常在言談中不要輕易傷害到那個敏感的小精靈，讓你的女兒對自己是女孩這件事產生內疚和自卑。

星期天，悠悠和父母一起逛百貨公司。在一家女裝櫃的試衣鏡前，媽媽試穿了一件風衣，然後問爸爸：「你看我是不是胖了？這件衣服都穿不下了……」

其實在生完女兒後，妻子的確有些發福。但是看著女兒像個小大人一樣望著自己，爸爸笑著對妻子說：「哪有？只是拿錯了尺寸而已，換一件就好了。」

爸爸邊說，邊要專櫃小姐幫媽媽換一件。這一次，媽媽穿上果然好看多了。

望著妻子滿意的樣子，爸爸對悠悠說：「媽媽是最漂亮的，對不對？」悠悠甜甜地笑著，還用力點點頭。

錯誤的評價可能引發自卑

經常可以聽到一些男性如此評價女性：

「女人真是沒用，讓我來吧！」

「你真夠笨的！」

「連這點小事都做不好，你還能做什麼？」

身為父親的你可能沒有意識到，**當你說這些話的時候，你身邊那個同樣是「女性」的小朋友也悄悄在自卑**——原來女孩這麼沒用啊！我要是男生就好了。甚至開始覺得自己的未來一片黯淡——原來女生長大了什麼都不會做，那我以後該怎麼辦？要是變成男生，是不是什麼都會了呢？

這種心理暗示會讓她們對「自己是女孩」這件事感到討厭，甚至想要變成男生。當然，她們也知道自己不可能變成男生，但可能會在言行上刻意模仿男性，而拋棄了自己原本優秀的特質。

對於女孩來說，「爸爸的話」往往代表著權威，就像是刻在她心裡一樣，很難抹去。

所以，當做爸爸的你忍不住要發表意見時，**請先想一想你準備評價的女性有什麼優點，不要總看到她們身上的缺點。**例如，妻子穿衣服很樸素，但很漂亮，這時不妨多誇誇她的美麗；某位女同事相貌普通，但工作能力很強，這時不妨多誇誇對方的能力……

相信當父親如此用心地讚美女性時，女兒也能夠從中吸收到正能量，不會因為爸爸的評價而對自己的性別產生歧視，也不會盲目地自卑了。

7 運用獨有的溫柔天性

女孩不要過於強勢

我們常用「溫柔」來形容一個女孩。可以說，溫柔是女孩獨有的一種氣質。溫柔的女孩就像一杯清茶，給人淡雅、舒適的感覺。然而，有些女孩為了不甘示弱，為了表現自己比男孩強勢，而漸漸喪失了溫柔的天性。有沒有什麼方法讓女孩變得既強悍又溫柔呢？

彤彤是一個可愛的小女孩，平時爸爸媽媽對她百依百順，幾乎滿足她的所有需求。在家人的寵愛和嬌慣下，養成了彤彤的「公主病」，稍微有點不順心的地方她就大喊大叫。每當這時，媽媽都會跑過來安慰她：「乖，都是媽媽不好，媽媽道歉，寶貝不哭了。」

彤彤在朋友中還十分強勢，周圍的人都必須聽她的安排。如果有小朋友不聽她的，她要不就和人家打架，要不就躺在地上哭鬧，直到達到自己的目的為止。

「刁蠻公主」人人怕

個性溫柔的女孩容易受到同伴的喜愛。相反地，一個專橫強勢，或者言語囂張、行為粗魯的女孩，即使長得再漂亮，也會讓人想躲得遠遠的。

女孩之所以強勢，甚至蠻橫，通常是有一個模仿的對象。例如，女孩的媽媽本身就個性強勢。那麼以父母為成長榜樣的女孩，也會在言行舉止上不自覺地模仿媽媽的行為，逐漸變成一個強勢的女孩子。此外，經常與這類型的同儕相處，也可能經由模仿學習，讓女孩表現得太過強勢。

因此，我們要**先找到女孩變得強勢的源頭，並盡量幫她改正。**如果是出在母親身上，媽媽就要檢討自己，讓自己無論從外表還是從內心，都盡量保持溫柔，言談舉止柔和，並盡量選擇一些能展現女性柔美特點的服飾裝扮自己。同時，媽媽還要不斷提醒自己：我要做一位溫柔的母親，將溫柔的一面展現給女兒。在潛移默化的影響下，女孩也會逐漸變得溫柔，更具有女性柔美的特質。

同時，我們也要教導女孩，除了強勢，女性還有另一種力量：「以柔克剛」。**運用女性獨有的溫柔天性，往往可以產生令人意想不到的巨大效果。**

8 別縱容女孩不拘小節

生活常規不能少

你的女兒也是如此嗎？

吃東西時不管會不會發出聲音；看到喜歡的菜，乾脆把筷子一丟，直接用手抓；在家看電視時，總是散漫、隨意地靠在沙發上；看完的書到處亂扔，從不收拾；心情不好時，對父母說話很不客氣，甚至大發脾氣、摔東西……

對於如此缺乏生活常規的女孩，我們該如何將她導回正軌呢？

九歲的曉雯在班上有個外號「小喇叭」。每次一下課，她都是第一個衝出教室，和男生一起翻單槓、爬杆。甚至一些男孩不敢玩的器材，她也統統不怕。對於一心期盼家有「小淑女」的父母來說，女兒這樣實在讓他們很頭痛，可是又不知道用什麼辦法來約束她。有一次，媽媽在曉雯的口袋裡放了一顆生雞蛋，

叮嚀她不許把蛋弄破。結果，原本活蹦亂跳的曉雯，下課後只能慢吞吞地走在同學們後面。看著大家玩耍，她卻在一旁不敢參加。

對女孩的規定要合理

其實，曉雯媽媽用這種強制手段來約束一個個性外向、有些男孩子氣的女孩，並不是一個好辦法。這不僅不利於女孩的身心發展，也遏制和破壞了她童年的快樂。

對於這類活潑淘氣、不拘小節的女孩，強迫或壓制她的個性都不是最好的教育方法。與其如此勉強她，**不如在保有她天性的情況下，於日常生活中多給予引導，對她提出一些合理的要求。**

例如，可以制定一些規矩，**以「獎懲制度」來約束女孩太過火的行為。**比如要求女兒不能大喊大叫、說髒話或摔東西。如果做到了，就給她一些小小的獎勵；要是她沒做到，則需要接受一些小懲罰，像是罰她幾天不能看卡通等。

母親是女兒最好的榜樣。如果母親說話大嗓門，那麼女兒講話也難以細聲細語；母親的行為無所顧忌，要求女兒言行優雅也難。所以在要求女兒的同時，媽媽們也必須先要求自己。

9 不說髒話
培養女孩的優雅氣度

幾乎所有的孩子都會經歷「說髒話」這個成長過程，只是男孩往往表現得比女孩更明顯。但是，當平常溫順、可愛的「小公主」張嘴說出髒話時，你是不是感到特別震驚？這與你心中所期待的那個大方、優雅又有氣質的女孩差得太遠了！

女孩之所以會說髒話，有的是因為感到好玩、刺激，有的是想表現出自己也可以像男孩一樣，還有的是想表達自己的獨立性。不管出於哪種原因，說髒話都是一種需要導正的行為。

聽到女兒說髒話，家長通常只是淡淡地念幾句，但這無法從根本上解決問題。更有效的做法是**適當地給予懲罰，讓她明白說髒話是一件不對的事。**讓女孩深刻體認到，說髒話會給自己帶來不良的後果。

放學回家後，六歲的寧寧跑進廚房裡。看到媽媽還沒有把飯做好，她大聲地說了一句粗話：「媽的！我都快餓死了，飯怎麼還沒做好啊！」

媽媽感到很震驚。女兒從來都沒說過髒話，今天是怎麼了？正想發火，突然想到不久前在一本教養書中看過類似的問題，於是決定用「冷處理」的方式來對待。因此，她沒有理會寧寧，而是繼續做飯。

見媽媽沒有反應，寧寧以為媽媽沒聽見，又大聲地重複了一遍剛才的話。媽媽還是像剛才那樣，彷彿什麼也沒有發生過。

於是，寧寧發現氣氛有點不對了。她走到媽媽面前看著她，低聲說：「媽媽，我餓了，你怎麼還沒做好飯啊？」

寧寧的語氣顯然緩和了許多。媽媽這才嚴肅地告訴她：「你竟然敢對媽媽說髒話！你是跟誰學的？」

寧寧說：「我們班上的男生都這麼講，我覺得很好玩。」

媽媽說：「說髒話是非常不禮貌的行為。你這個禮拜的零用錢取消了，作為對你說髒話的懲罰！」

從此以後，寧寧再也不說髒話了。

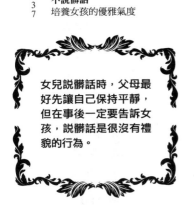

女兒說髒話時，父母最好先讓自己保持平靜，但在事後一定要告訴女孩，說髒話是很沒有禮貌的行為。

恩威並施的導正技巧

在女兒剛開始說髒話時，如果父母表現得過於緊張、氣憤，可能會讓女孩誤以為說髒話是一種很有趣或很特別的事。所以，此刻父母最好先讓自己保持平靜，讓她覺得髒話與其他平常的話語沒什麼差別。一旦覺得這樣的話語無法引起別人的注意，她們自己也會覺得無趣，也就不再去故意模仿這些詞彙了。

但是在事後一定要告訴女孩，說髒話是很沒有禮貌的行為，不值得別人注意，也不會讓別人喜歡，只會令人討厭。如果她不想成為一個令人討厭的女孩，就要改掉說髒話的惡習。

10 大而化之不等於粗心大意

在日常生活中培養細心

在傳統觀念中，女孩比男孩更細心。她們通常更能敏銳地感受到別人的情緒變化，更能安下心來認真地做事情，也更願意從事一些細緻的活動。但不可否認的是，如今我們身邊有越來越多的女孩有著「粗心」的毛病。

面對粗心的女孩，父母最好多付出一些耐心和寬容，慢慢想辦法，避免胡亂批評。細心的好習慣，通常是在日常生活中一點一滴養成的。

小雅是個七歲的女孩，個性冒冒失失的。剛幫她買的新玩具，一下子就被她摔壞了；新發的課本還沒用幾天，就被她弄得髒兮兮的。她寫作業也經常丟三落四，這裡缺一個數字，那裡少一畫……媽媽雖然念了女兒很多次，可是她始終改不了這個毛病。

夫妻倆經過認真商量，並徵得女兒的同意後，幫她報名了書法班。他們想讓小雅透過學習寫書法來鍛鍊耐心。而在生活中，媽媽也經常讓小雅幫她做一些細緻的家事，例如剝豆子。還為小雅買了很多漂亮的拼圖，和她比賽，看誰拼得又快又好。

經過一段時間的培養，小雅粗心大意的毛病一點點改掉了。

引導女孩做需要耐心的細緻工作，及時給予鼓勵，是引導女孩遠離做事粗心大意、不注意小細節的最好方法。

魔鬼藏在細節裡

經常引導女孩做一些需要耐心和細心的細緻工作，並及時對她的表現給予鼓勵和積極的評價，是引導女孩遠離做事粗心大意、不注意小細節的最好方法。因此平日在生活中，不妨多給女兒提供一些類似的機會。

此外，如果朋友中有人從事較精密的工作，不妨與他們聯繫一下，帶女兒去參觀他們工作的場景。同時告訴女孩「魔鬼藏在細節裡」，在做事時，**越是細節之處，就越是考驗人的地方。**只有認真地處理每一個細節，踏實做好每一件小事情，才能不斷提升自己的能力。

小心，這些話會影響女孩的好潛能！

——「看看你，哪有女孩子像你這麼髒的？」

父母可以這樣做

如果你有「女孩子家就要有個女孩樣」的觀念，那麼在教導女兒時，要經常注意自己的言行表現是否有性別認知上的偏差，並隨時加以糾正，以免無形中傳達給女兒負面的訊息。

例如，若經常念女兒「不愛乾淨」、「沒有女孩子樣」，這些訊息會讓她覺得自己不如男孩，要是自己是個男生就好了，容易因此對自己的性別產生歧視，進而更加強化某些男性化的行為。

為避免女孩有這種錯誤認知，父母應經常強化她是「女孩」的意識，例如，告訴她：「媽媽覺得有個女兒真好」或是：「爸爸覺得女兒變得溫柔了。」讓女孩認可並樂於接受自己的性別，這樣她才更能發揮自己的特長。

──「哪有女生像你這樣罵人的？再讓我聽見，你就準備挨揍！」

父母可以這樣做

「亂罵人」的確是一件令父母惱火的事，讓人忍不住想動手。

然而，這種毛病用打罵是改不掉的，反而可能讓她覺得這是一件很刺激的事。讓女兒變得文雅，最好的辦法不是責罵，而是「引導」，幫助她理解這是一種錯誤的行為，是不受歡迎的。有什麼不同的想法，用說的往往比用罵的更有效。

第五章

培養女孩承受挫折的勇氣

許多家長覺得女孩就需要更多的呵護和關愛，就應該是嬌柔的，是否勇敢、堅強對女孩來說不重要。事實上，這種想法是錯誤的！女孩在走向社會後，同樣會遭遇困難和挫折，只有學會承受挫折的女孩，才能從容地面對難關。只要父母能正確地加以教育和引導，女孩嬌氣、脆弱的負能量就會轉變成堅強、勇敢、自信等正能量。

1 從困難中建立自信

挫折可以培養女孩的挑戰潛能

在教養女孩的過程中，父母最常犯的一個錯誤就是「過度保護」。

有位母親經常對女兒的老師和同學說：「我家的孩子膽小又愛哭，請大家多照顧一下。不要嚴厲說她，有問題就來找我。」卻引來一些同學特別愛找她女兒麻煩。

一位父親最常對女兒說的話就是：「女兒別怕，有爸爸在！」於是，女兒作業不會做，爸爸幫忙；女兒在學校和同學發生了爭執，爸爸幫她出面去罵對方；女兒因為學跳舞太累而哭了起來，爸爸趕緊說：「乖，我們不學了，不學了。」……

這些都是對孩子過度保護了。一遇到挫折，女孩還沒反應過來是怎麼回事，父母早已幫她把困難「擺平」了。其實這並不是真的為她好。有一天你不在她身邊了，面對挫折，她要如何應對？

一遇到挫折，女孩還沒反應過來是怎麼回事，父母早已幫她把困難「擺平」了。其實這並不是真的為她好。

十歲的小慧還不敢自己一個人睡，上下學也要爸爸接送。只要有一兩次考得不好，她就悶悶不樂好幾天。和同學在一起，她也顯得很怯弱。爸爸覺得這樣不好，應該多創造機會給她一些磨練。他從平日的生活開始，刻意地給女兒一些難度較高的「任務」。例如，鼓勵她先開著燈獨自睡覺，等到不害怕了再關燈；搭車時，爸爸鼓勵她一個人去幫全家人買票，訓練她與人交往的能力。剛開始，小慧都做得不大好，爸爸鼓勵她：「別急，慢慢來，再堅持一下就成功了。你要相信自己。」

半年後，小慧變得堅強多了，對自己也有了更積極的自信。

慢慢來，再堅持一下就成功了

聰明的父母知道，在女兒小的時候就應該讓她對「困難」有正確的認知。於是，他們會**故意替女孩製造一些「麻煩」**，例如讓女孩參加野營活動，讓她在一切都得自己來的情況下吃一點苦，親自體會到解決問題後的成就感。**而當女孩無理取鬧時，可以適當地「忽視」她，讓她學會調整心態。**

在成長路上，除了愛和鼓勵，我們還要給女孩克服困難的力量。這也是培養她獨立成長的一個重要課題。

2 挫折就是成長

父母不能代女孩受過

孩子在成長過程中總會遭受挫折，小時候是跌倒、跟朋友吵架，長大了可能是工作和生活上的一些不順利。刻意讓女孩從小就面對一些她心理能夠承受的疼痛和挫敗，並不是不疼愛自己的女兒，而是在鼓勵她堅強、獨立。

同樣是四歲女孩，冰冰和小雨的父母教育方法卻大不相同。冰冰摔倒了，媽媽立刻跑過來扶起她，連聲安慰：「撞到哪裡了？痛不痛？都是媽媽不好，沒扶住你！」反觀小雨的媽媽，看到女兒跌倒，媽媽總是等她自己站起來。

由此也可以看出兩個孩子的個性差異。冰冰從小就很嬌，一聽媽媽說「都是媽媽不好」，原本還若無其事的冰冰很快就大哭起來。媽媽哄得越厲害，冰冰就哭得越凶，似乎自己受了很大的委屈一樣。而小雨自己站起來後，拍拍身上的土，又跑出去玩了。

所有挫折都是成長的歷練

女兒受到挫折了，不是爸爸媽媽「不好」，父母不可能永遠事事都能幫她「擺平」。

女孩必須擁有強大的內心，才能承受人生的風雨，將來在激烈的社會競爭中讓自己生活得更好。

為了培養女孩的挫折抵抗力，除了鼓勵她自己完成一些事情、克服一些困難外，還要**在日常生活中潛移默化地「間接」讓她接觸和感知挫折，幫助她對挫折有更具體的認識。**

例如，可以陪女兒一起看《獅子王》，講《湯姆歷險記》這類的冒險故事給她聽，用誇張的語氣來描述主角遇到的苦難，同時激勵她學習他們的勇敢精神。這樣有助於讓女孩對挫折產生初步的認識，讓她知道生活中其實有許多困難和挑戰。面對這些困難和挑戰時，只有不膽怯、不畏懼，勇敢地面對，才能感受成功的喜悅。

刻意讓女孩從小就面對一些她心理能夠承受的疼痛和挫敗，並不是不疼愛自己的女兒，而是在鼓勵她堅強、獨立。

3 堅強不是男生的專利

女孩更應該堅強

每個人來到這個世界上，都會經歷幸福和快樂，也必然要面對磨難與痛苦。幸福和快樂時，我們應讓女孩學會感恩與知足；而當遇上磨難和痛苦時，我們要讓她學會勇敢、堅強地去面對。

週末時，爸爸帶七歲的小麗去溜直排輪。對於第一次溜直排輪的小麗來說，穿著輪鞋站立是非常困難的，上路後就接連摔跤。每次摔倒時，爸爸都非常心疼，但嘴裡還是喊：「小麗真棒，別怕，摔倒了爬起來再摔，多摔幾次就會了！」

在爸爸的鼓勵下，小麗儘管摔得很痛，但每次跌倒後還是堅持爬起來。就在這樣不停地摔倒、站起來之後，小麗終於能穩穩地往前走了。雖然還不能很順利地滑行，但爸爸和小麗的內心既自豪又開心。

即使天生柔弱，也可以後天學會堅強

面對挫折時，膽小懦弱的負能量女孩想的是如何逃避這些困難；而勇敢堅強的正能量女孩想的卻是**怎樣從容地面對這些困難，憑自己的堅定意志去戰勝它們。**

在培養女孩堅強的意志時，爸爸媽媽要多給女兒鼓勵。遇到困難時，女孩一開始可能會退縮，想要放棄。這時，父母一定要鼓勵她**不要輕易放棄，這是學會克服困難的第一步。**如果女孩實在無法完成任務，爸媽也不要輕易代勞，可以適當給她一些指導，困難最終還是要由她來克服，這樣女孩才能體驗到成功的快樂，從而變得更有自信心。

我們應讓女孩學會感恩與知足，而當遇上磨難和痛苦時，也要讓她學會勇敢、堅強地面對。

4 下一站，冒險
養成女孩勇敢特質的重要方法

仔細觀察一下，家長就會發現：**孩子們總是躍躍欲試地想做一點超出自己能力的事情**。例如，腳還搆不到自行車踏板，卻想騎車；從來沒下過水，卻想跳到水裡游泳。

冒險與勇敢是緊密相聯的，適度地讓女孩冒一點風險，也是培養她們勇敢特質的重要方法。

七歲的樂樂在與爸爸打羽毛球時，不小心把球打上了屋頂。樂樂對爸爸說：「爸爸，能幫我搬一下梯子嗎？我想爬上去撿球。」

爸爸看了看屋頂，說：「我可以幫你，不過你要答應我一個條件。」

「什麼條件？」

「爬屋頂是很危險的，你一定要抓穩梯子，到了屋頂上也不要亂動。另外，為了你的安全，爸爸要和你一起上去。」

樂樂高興地答應了。在爸爸的幫助和保護下，樂樂順利地拿到了羽毛球，小臉上洋溢著滿足和喜悅。

女孩不是被嚇大的

大多數家長都會阻止女孩去冒險。但聰明的父母卻認為，在女孩很小時就應該鼓勵她們去冒險，這樣有利於女孩膽識和勇氣的鍛鍊。**如果女孩透過冒險而成功了，將使她對自己的能力產生自信；若失敗了，孩子還能從中學會如何面對失敗、應對挫折。**

當女兒對一些具有冒險性的活動產生興趣時，家長盡量不要拒絕她，更不要訓斥和嚇唬她：「掉下來就沒命了！」「你想找死啊！」這會扼殺女孩可貴的冒險精神，令她變得膽小怯懦。

面對女兒的冒險活動，家長要從容以對，並適時給予肯定和讚賞。當然，一定要事先向女孩說清楚活動的危險性和需要注意的事項，讓她做好充分的心理準備。必要時，我們還可以和女兒一起活動、一起冒險，給她具體的指導和必要的保護。

冒險與勇敢是緊密相聯的，適度地讓女孩冒一點風險，也是培養她們勇敢特質的重要方法。

5 你說她好，她就有機會變好
別隨便給女孩貼上負能量「標籤」

有些父母會習慣性地數落女兒的不是，而且往往一念起來就會為孩子的表現「下結論」。例如，女孩摔倒後哭了，會被爸媽責備「太愛哭」、「太軟弱」；女孩看到路邊的小蟲子感到害怕，會被爸媽說「太膽小」；女孩偶爾考試不及格，父母就非常失望，認為她「太笨」、「不是讀書的料」。父母罵得很痛快，卻忽略了這些負面評價帶來的消極後果。

李太太帶著女兒媛媛和同事的女兒露露一起出去玩。兩個女孩原本玩得很開心，可是沒多久發生了衝突，露露哭了起來，李太太和同事決定先不介入。但是過了兩分鐘，露露又哭了，而且哭得很大聲。李太太想過去看看是不是媛媛欺負露露了。

同事卻拉住她說：「不要管她。她就是愛哭，一點點小事，甚至一句話都會把她惹哭。」同事一邊說，一邊走向露露，大聲問：「你怎麼又哭了？你就是愛哭！」

李太太聽了，趕緊接著說：「我們露露長大了，才不愛哭呢！對不對，露露？」

露露一聽，含著淚水的大眼睛疑惑地望著李太太，似乎第一次聽到這樣的話。

不要扼殺她的可能性

當女孩年紀很小時，還無法客觀地評價自己，對自己的認知都是來自於父母、老師等「權威」人士。因此，父母的評價很容易形成一種貼「標籤」的作用。被貼了負面標籤的女孩，也會讓自己的行為與所貼的標籤內容一致。

總被父母說是「膽小」、「愛哭」、「笨蛋」的女孩，也會逐漸對自己的能力產生懷疑，進而失去自信，不自覺地放棄建立自信和追求成功的努力。這就是心理學上所謂的「誘導性智愚症」。久而久之，她們就真以為自己是父母所說的那種樣子，覺得不管如何努力，自己也無法變好。

因此，在女孩的成長過程中，**父母應從各方面去觀察，發掘女孩的發光點**，例如乖巧、溫柔、細心等，然後用正面的稱讚和鼓勵去激勵她們發揮這些長處，幫助她變成「正面標籤」上的那個人。

有些父母會習慣性地數落女兒的不是，卻忽略了這些負面評價帶來的消極後果。

6 再試一次

鼓勵女孩遇見失敗，並享受失敗

有一個著名的「棉花糖實驗」：幼稚園老師給每個小朋友一塊糖，告訴他們，如果他們現在吃，就只能獲得一塊；如果他們能等一小時後再吃，就可以再獲得一塊。日後對這些孩子的追蹤調查結果顯示：當時能堅持的孩子，日後在許多方面的成功率大大高於那些不能堅持的孩子。這在心理學上被稱為「延遲滿足」。

有些女孩做事容易半途而廢，缺乏意志力，稍微遇到一點困難就想退縮。這時，父母不要順從女孩，或是強迫她直接承認失敗，甚至打擊她，認為她「很笨」、「沒用」。相反地，**應該鼓勵她不要放棄，再堅持一下，困難就有機會解決。**

瀟瀟很喜歡跳舞。一開始練舞時，由於她比較胖，後滾翻、前滾翻一直做不好，每次練習時都會摔跤，她只好傷心地坐在地上，淚眼汪汪地看著別人優美的舞姿。有一次，爸爸陪著她一起來，看到這個情形，親切地對她說：「瀟瀟，別灰心，跌倒是走向成功的一種姿勢。從現在起，你準備摔五百下，然後你就會前後滾翻了，你的舞姿也會比別人更美！」

聽了爸爸的鼓勵後，瀟瀟堅強地站起來，咬緊牙關繼續練習。雖然還是不斷摔倒，但她知道失敗越多，就意味著離成功越近了！果然，在苦練了十幾天後，她終於學會了！

真心讚賞的力量大

一位英國父親描述自己幼年的經歷：「有一次，我和朋友們一起玩。一不小心，我的手指被同伴弄出了一個小傷口，我差點哭了出來。但是，我在心裡告誡自己，一定要堅持住！最後，我忍住了眼淚，裝出一副若無其事的樣子，繼續和小朋友們玩。因為我知道一旦眼淚掉下來，同伴們會認為我受這麼一點傷就哭，以後就不想和我一起玩了。現在，我也告訴我的孩子，在遇到困難時，一定要堅持一下。再堅持一下，你就是強者！」

當女孩遭遇困難時，我們要鼓勵她再堅持一下。**在她不斷努力時，別忘了給予鼓勵和真心讚賞，讓她感受到勇敢與堅強的力量。**

遇見失敗並享受失敗，孩子就不會被失敗絆倒，而且能透過失敗，看到成功。

遇見失敗並享受失敗，孩子就不會被失敗絆倒，而且能透過失敗，看到成功。

7 巧妙拆解情緒炸彈

父母沉住氣，教女孩自制力

過於受寵的女孩大多情緒外露，遇到一點困難就會失控，也容易受到外界的干擾。

對於這樣的女孩，父母要理智地處理她們的情緒表達。例如，看到她發脾氣時，我們不要也跟著生氣，否則會引發她更大的怒氣。當她哭鬧時，我們也不要忙著去安慰她，否則她會鬧得更厲害。

要培養有自制力、有耐心的女孩，父母自己必須能沉得住氣。有的家長只讓孩子等自己，自己卻不肯等孩子，這樣容易讓孩子覺得自己得不到尊重，從而不願意接受父母的要求。

圓圓對母親說：「媽媽，我想去公園玩。」

母親說：「等一下，媽媽把這篇文章寫完就走。」

「不行，我現在就要去。」

「圓圓，這篇文章很重要，媽媽必須先寫完。你先看一會兒書，媽媽等一下帶你去，好嗎？」

過了大約半個小時，母親寫完文章後來叫圓圓：「圓圓，我們走吧！」

可是圓圓抬起頭，模仿母親的口氣說：「不行，這個故事我剛看了一半。」

於是，母親很有耐心地坐在客廳的沙發上等女兒。等到圓圓讀完那個故事後，兩人高高興興地出門了。

如果只讓孩子等自己，自己卻不肯等孩子，容易讓孩子覺得自己得不到尊重，從而不願意接受父母的要求。

向孩子示範處理負面情緒的方法

耐心也是一種抵抗挫折的能力。在面對挫折時，能夠控制自己的情緒、有耐心的女孩，更容易冷靜地尋找解決問題的方法。相反地，一遇到挫折就情緒暴走或不知所措的女孩，哪裡還有信心和勇氣與挫折對抗呢？

所以我們**從小就應教女孩學會表達和處理自己的情緒**，而不是一遇到不順心的事就變成「情緒炸彈」。例如，當她高興時可以大笑，但不能要求別人非和她一起笑不可；當她發怒時，可以生氣，但不能哭鬧罵人，遷怒於別人，也不能隨便扔東西；當她難過時，可以哭泣，但不能因此覺得別人都欠她的……

此外，**父母不妨將自己處理負面情緒的過程展現在女兒面前，讓她看到我們是如何趕走壞情緒的。**例如，當工作不順心時，我們回到家裡不應大發雷霆，而是安靜地看看書、聽聽音樂，讓自己放鬆下來，然後再尋找解決困難的方法。這樣可以讓女孩在潛移默化中學會調節情緒的方法。以後當她遇到困難或不順心時，也就不會無理取鬧、大哭大鬧了，從而逐漸學會掌控自己的情緒，做情緒的主人。

8 不可能的任務，成就感更強
讓女孩提高抗壓性

生活當中，我們常常有這樣一種感覺：在完成一件容易做的事情後，我們並沒有多少激動和興奮；相反地，完成一件很艱難，甚至原以為不可能完成的事時，我們就會產生一種很強烈的成就感，同時也更瞭解自己的能力，建立起向困難不斷挑戰的自信心。

孩子也一樣，尤其是女孩，本來就很嬌嫩，**如果能夠憑藉自己的力量克服困難，完成艱難的任務，相信她們獲得的成就感會比男孩更強烈。**

鈴鈴還不滿四歲，在上幼稚園。這一天，媽媽接鈴鈴回家後，在門口拿出鑰匙準備開門。鈴鈴見了，自告奮勇地要求媽媽把鑰匙給她，讓她開一次門。媽媽立刻把鑰匙遞給鈴鈴。鈴鈴笨拙地把鑰匙插入鎖孔，她想打開門，可是怎麼努力都開不了。跟媽媽一起來的姑姑看了，主動過去要幫忙鈴鈴，卻被媽媽攔住了。

鈴鈴努力了半天都沒成功，轉過頭委屈地看著媽媽，急得都要哭了。但媽媽並沒有伸手幫她，而是鼓勵她說：「鈴鈴再耐心地試一次好不好？也許多試幾次，鎖就打開了呢！媽媽想看鈴鈴親手把門打開。」

在媽媽的鼓勵下，鈴鈴又轉過身去嘗試。過了好一陣子，她終於如願以償，自己用鑰匙打開了家門！這個小小的成功，讓鈴鈴高興了好幾天。

勇敢的孩子要自己站起來哦！

在成長的過程中，女孩會經歷諸多的困難和挫折。身為父母，一定要對你們的女兒充滿信心，這樣才能培養起她的自信心。不要總對她說：「你還小。」「你還做不到。」而要鼓勵她說：**「加油，媽媽相信你！」「你這樣做真不錯。」「你已經是個大人囉！」**等等。多給女孩自己發揮的空間，多給她鼓勵和支持，多讓她體驗到成功的快樂。這樣，她才能在遇到障礙時仍勇往直前，不會被困難擊倒。

為了提升女孩的抗壓性，還可以在平時的生活和學習中特別設一些困難和障礙，鼓勵她勇敢嘗試。例如帶女兒去爬山，山路高低不平，對於小女孩來說非常難走，但在確保安全的前提下，父母不要幫助她，鼓勵她自己向困難挑戰，堅持向前走。當她踩到小石頭摔倒時，也不要馬上扶她起來，而是鼓勵她說：**「不要怕，勇敢的孩子要自己站起來哦！」**

9 不要總是和別人比較

看見自己女兒的優點

許多父母會習慣性拿自己的孩子跟別人比較，總覺得自己的孩子不如別人優秀，不自覺地會用其他孩子的優點來比自己孩子的缺點：

「你看你同學×××多好，每次都考第一名。」

「你瞧鄰居×××多聽話，從不讓他爸媽操心。」

「別人都行，你為什麼不行？」

這些話恐怕已經成了不少爸爸媽媽的口頭禪。

原本父母這樣做是想給孩子樹立榜樣，以為可以刺激孩子的上進心，其實，這只會傷害孩子的自尊心。尤其是女孩子，她們往往比較敏感、想得多，有些女孩還比較多疑，**如果父母總是拿自己與別的孩子相比，認為別人比自己優秀，這不但傷害了她的自尊心，打擊了她的自信，還會讓她產生更強烈的挫敗感。**即使出於不服輸，這些話的確激發了她努力，卻可能形成一種不健康的嫉妒心理。

陳太太曾因為「別人家孩子」而與女兒婷婷有過一段不開心的經歷。女兒上國二時，有一次，她無意中在女兒面前提到，同事的女兒在全市數學競賽中得了第三名。哪知女兒很敏感，聽了非常不高興地說：「為什麼你總是覺得別人好？那你讓別人做你的女兒好了！」

以前看到婷婷類似的反應，陳太太都認為女兒小心眼，見不得父母說別人好。可是這次婷婷竟然說出「你讓別人做你的女兒好了」，她才覺得問題有點嚴重。冷靜下來後，陳太太覺得自己的這種激將法可能是不對的。她本來想激發婷婷學習的鬥志，誰知女兒反而越來越覺得自己不如人，失去了信心。

後來，陳太太決定把自己的女兒當成「別人家孩子」來看待，多從女兒身上發掘優點，多給女兒讚美。漸漸地，我們發現女兒變得開心了，自信心也增強了。

對孩子，請截「長」補「短」

沒有一個孩子願意承認自己比別人差。每個女孩都希望得到家長、老師的肯定，這種「肯定式的評價」，對她們的自信、勇氣和挫折抵抗力等正能量的培養尤其重要。如果家長總是強調自己的女兒不如別人，就會使她自我否定，在遇到困難時變得恐慌、退縮，拒絕嘗試。

「肯定式的評價」，對她們的自信、勇氣和挫折抵抗力等正能量的培養尤其重要。

每一個女孩都是獨一無二的，都有自己的特長。可能你的女兒數學成績不太好，但她很會畫畫；也許你的女兒連五線譜都不會看，但她運動很強……這些都是我們的女孩比「別人家孩子」強的地方。**我們不要總用自己女兒的「短」去與別人的「長」相比。**要多看自己孩子的優點，多給她鼓勵，幫助她截長補短。

10 學會正確與他人競爭

教女孩「正常心」和「平常心」

現代的社會中充滿了競爭，缺乏競爭意識和競爭能力，就會被淘汰。只有具備勇氣和膽量，並能在競爭中不斷完善自己，才能時時刻刻保持進步，成為佼佼者。

因此，我們要經常對女孩灌輸憂患意識，讓她看到社會競爭的存在。如果現在不培養，日後當她遇到競爭時可能會驚慌失措，不知如何應對。

但是在過程中，**父母也要引導女孩以聰明的才智和優良的品格，「正確」與他人競爭。**競爭不應是狹隘、自私或者充滿陰險狡詐的，而應該心胸開闊，以真正的實力來超越別人。要讓自己的女兒有自信，並以「正常心」和「平常心」來面對競爭，做到不認輸、有毅力，勝不驕、敗不餒，學會競爭、適應競爭，進而在競爭中生存、發展。

美美今年八歲，個性很好強，總是想爭第一名。如果拿不到第一，她就哭鬧不已，有時甚至會打罵比她強的孩子。

讓女兒有自信，以「正常心」和「平常心」面對競爭，學會競爭，適應競爭，進而在競爭中生存、發展。

有一次，美美和同學箏箏比寫字，另一位同學當裁判。寫完後，裁判同學拿著兩個女孩的字認真比較一番後，認為箏箏寫得比較好。美美一聽就哭了起來。

對於美美如此強烈的好勝心，父母及時對她進行了引導。他們告訴女兒，每個人都有自己的長處，如果她不服氣，可以下工夫苦練，在下一次比賽中爭取勝利。

聽了爸媽的話後，美美開始認真練字。一週後，美美又和箏箏比賽。這一次，裁判同學宣布美美的字寫得比較好。

正確瞭解競爭的本質

只要有競爭，就不可避免地會出現勝利者和失敗者。失敗並不丟人，況且勝利和失敗並非一成不變，而是經常轉換的，關鍵是要對競爭的本質有正確的認識。看到別人比自己強畢竟是一件令人慚愧的事，但冷靜地反思自己落後的原因才是最重要的。

不妨鼓勵女孩積極參與競爭，藉此培養她們的勇氣和信心。但是，**也要引導孩子不能把成敗當成證明自己是否優秀的唯一方式，不將與他人相比作為衡量自信的唯一標準。**讓女孩瞭解自己與別人各有優缺點，無法完全比較。因此，要善於發現自己的長處，這樣才能用自信戰勝挫折，走出自己的一片天。

小心，這些話會影響女孩的好潛能！

——「連這個都怕，我怎麼會有你這麼膽小的女兒呀！」

父母可以這樣做

有些女孩由於天生比較膽小，常常因此受父母的責備。事實上，這是一種不正確的教育方法，這樣做不僅無法幫助女孩克服膽小的問題，反而會讓她變得更膽小，甚至自卑。所有的孩子都有對外界未知事物的恐懼感。男孩也有類似的情況，只是他們天性中有更多與此對抗的成分，加上社會對於男孩的教育更有助於他們擺脫恐懼心。所以要培養女孩的勇氣，父母應循序漸進，逐步引導。例如，先替女孩設立一些具體的小目標，鼓勵她慢慢去嘗試。當她成功後，立即給她讚揚和鼓勵。漸漸地，女孩在不知不覺中就會消除心中的障礙，克服內心的恐懼。

——「你真沒用，連這種小事情都做不好！」

父母可以這樣做

當孩子年紀還小時，有些事自然做得不夠好。這時，部分父母會一味地批評、全盤否定，以一個錯誤或失誤否定孩子所有的優點。你知道這會對你的女兒產生怎樣的結果嗎？

父母過多的批評和否定，會讓女孩覺得自己一無是處，並會因此陷入深深的自卑。一旦產生了自卑心理後，再想增強她的自信可就難上加難了。

所以，即使女孩做錯了事，家長在批評時也一定要善於發現她的優點，並適當地將這些優點與缺點結合起來表達，孩子才更容易接受。比如告訴她：「這件事你雖然沒做好，但你的耐心卻大大增加了。如果下次再把速度加快一點，就會更完美了。」如此既肯定了孩子的優點，又指出了她的不足，下次她自然就會知道該怎麼做了。

第六章

女孩需要友誼相伴

一個女孩的人際交往能力深深影響著她未來的成長與發展。太過長袖善舞不好，然而，不善於經營人際關係，將會使女孩變得孤僻冷漠、自我封閉，缺乏安全感，從而產生自卑。為了將女孩培養成樂觀、積極、善於合作的人，讓她們擁有快樂、幸福的生活，家長從小就應該培養女孩的人際交往能力，誠懇待人，拓展交友圈。

1 良好形象是無價之寶

喚起女孩優良的內在潛能

「形象」是一個人內在的素質、涵養、能力、生活觀念、追求等的外在表現形式，包括了**穿著、言行舉止、修養、生活方式與知識層次等**。良好的形象，不僅可以反映在別人的眼中，同時也有助於喚起我們內在的優良素質。

良好的形象，也反映出一個女孩的精神狀態和禮儀素養，成為她給人的「第一印象」。不管女孩的相貌如何，只要她衣著整潔，舉止大方，我們就忍不住會喜歡她。相反地，一個外表邋遢、舉止粗野又不顧別人感受的女孩，即使長得再漂亮也很難討人喜歡。

小雪喜歡留短髮，穿中性的衣服，走路、說話總是大剌剌的。父母本來不覺得女兒這樣有什麼不好，他們認為一個人不能太注重外表，所以從不管女兒的形象。

直到有一次，父母帶著小雪到同事家作客。同事家也有一個女孩，比小雪小一歲，雖然兩個女孩年齡差不多，但形象卻截然不同。小雪穿著寬大的衣服，頭髮亂糟糟的，隨便就往沙發上一坐，歪斜著身子，還不時蹺起二郎腿。而同事家的女孩穿著舒適、得體的衣服，端端正正地坐在沙發上，不時地起來有禮貌地招呼客人。

看著同事家的女兒，再看看自己的女兒，小雪的父母感受到極大的落差。

良好的形象，也反映出一個女孩的精神狀態和禮儀素養，成為她給人的「第一印象」。

形象由細節所構成

一個人的形象由許多細節所構成，例如：外表的裝扮、與人交往時的肢體語言、用餐的基本禮儀、說話時的神情和手勢，與走路姿態等。仔細想起來，幾乎沒什麼「大事」，因此，父母不妨在日常生活中，**從對「小事」的基本要求著手，適時提醒加上耐心教導。**如：教女兒注意衣著的整潔與得體，吃飯時不大聲喧鬧或敲打碗筷，與長輩說話要講究禮貌等。多讀好書也是培養好形象的要素之一。

注重自己形象的女孩，自然會散發出非凡的個人魅力和正能量氣質，讓人產生一種舒服的感覺，也對她的人際關係大有助益。

2 因材施教

優雅賦予女孩大方之美

優雅的女孩待人接物彬彬有禮、不卑不亢；優雅的女孩不與父母頂嘴，不打斷別人說話；優雅的女孩知道體貼照顧他人，尊敬和關心他人；優雅的女孩隨時將「請」和「謝謝」掛在嘴邊……

這些優雅的舉止，會給女孩帶來很多好處，增加她們的正能量，幫助她們贏得更好的人際關係。不僅賦予了女孩大方之美，更是氣質養成的基礎。

一位媽媽在說到自己的女兒時，遇到了這樣的難題：

我女兒今年十歲，是個性格大剌剌的女孩。別人家的小女孩說話都輕聲細語，她卻皮得像隻小猴子，不僅說話很大聲，還經常和附近的男孩子一起玩摔角、爬樹，身上經常弄得髒兮兮的。我很欣賞女兒的活潑外向，但我該怎麼樣才能教她舉止得體一點呢？

有些女孩天性好動，有些女孩則天生比較文靜。因此，我們應根據自己女兒的具體情況因材施教。

好動與文靜各有特色

有些女孩天性好動，有些女孩則天生比較文靜。因此，我們應根據自己女兒的具體情況因材施教。

對於個性外向的女孩，父母可以逐步引導她做一些安靜的事情，如下棋、畫畫、摺紙等。或者讓她將過剩的精力轉移到一些有益的興趣，像是跳舞、彈鋼琴。當孩子將熱情投入到這些活動中後，不僅從此多了一些愛好，還可以培養她們的耐心，提升她們的氣質。

對於文靜的女孩，最好的引導方法就是提醒及讚賞。當父母給予提醒時，女孩往往會牢記並努力實現父母的期望。而父母適時的稱讚，則可以讓女孩的這種好行為得到延續。經常運用提醒和讚美，用不了多久家長就會發現：女孩已經很有自覺地朝好的方向發展了。

同時，還要教女孩養成經常說「謝謝」、「您好」、「對不起」、「請」等禮貌用語的習慣。讓她明白，囉唆重複或沉默寡言都是不禮貌的，也是不受人歡迎的，應該改掉這些不好的習慣。

3 教女孩人際交往的技巧

用真誠和熱情打開友誼之門

西方心理學家曾就人際交往做了一項廣泛的調查，對所有受訪對象都提出了一個相同的問題：

什麼使你的生活富有意義？

人們的回答幾乎是相同的：親密的人際關係是首要的。自己的生活是否幸福，取決於自己與他人的關係是否良好。

由此，心理學家得出結論：人際關係對於生活的幸福具有重要意義。

然而在現實生活中，許多女孩在人際交往方面的表現卻令人擔心。

這些女孩，有的拘謹膽小、羞怯怕生、孤僻退縮；有的太以自我為中心，不能與人合作，不懂得分享……

洋洋是個五歲的小女孩，儘管上幼稚園已經一年多了，卻一直無法適應學校生活。每次媽媽去接她時，都看到她自己一個人在玩。親子活動時，別的孩子都高高興興地表演唱歌、跳舞，只有洋洋不肯唱。老師對洋洋的評語是：很老實、很聽話，但是不喜歡團體活動。

好人緣會帶來幸福感

一個不善於與人交往的女孩，往往會因為不能從容地與同齡朋友交往而感受不到生活的樂趣。就像故事中的洋洋，因為在幼稚園裡缺少朋友，沒有體會到表現自我的樂趣，所以勢必會產生不願意上學的傾向。這種缺乏人際交往能力的女孩，不知道如何與他人打交道，內心孤獨、寂寞，進入社會後也很難與人溝通。

人際交往可以幫助女孩形成合作精神，學會尊重別人、分享快樂，以及聽取他人的意見，體驗到競爭與互助、成功與失敗、快樂與痛苦。

人際交往可以幫助女孩學會尊重別人、分享快樂，體驗到競爭與互助、成功與失敗、快樂與痛苦。

所以，父母應該從小就教女孩一些人際交往的基本技巧。例如，教她學會使用「謝謝」、「再見」、「對不起」、「沒關係」等禮貌用語；不對別人說粗話、做不禮貌的動作；不要隨便打斷他人的談話，並學會傾聽，不要心不在焉或只顧做自己的事。還有主動與同學打招呼，真誠和熱情有助於打開友誼的大門；真心誠意地對待他人，講信用，不欺騙。善於發現同學的優點和長處，包容他人的缺點與不足。學會讚美別人，不為小事斤斤計較，不嘲笑別人，並且樂於幫助別人，熱情開朗，與人交往過程中充滿尊重與信任等。

善於與人交往的女孩，也會是一個自信、樂觀、心胸寬廣，懂得如何愛別人並得到別人的愛，擁有豐沛真摯友誼的人。

4 分享是快樂的

提升女孩的平等與博愛特質

分享包含了珍貴的平等與博愛特質，不僅限於吃的、玩的等有形物品，還包括心情、創意、想法、意見等無形之物。因此，讓女孩從小學會分享，不僅能夠增進她與人交往的能力，還可以提升她的合作能力、思考能力等，為其未來的成功增加更多的正能量。

然而，許多父母習慣於過度溺愛女孩，將女孩放在家庭中的主導地位。在這種情況下，女孩的心中漸漸沒了他人，只有自己。她們不知道關心父母，不會關心他人，更不會關心社會。這樣的女孩長大後，怎麼能擁有和諧的人際關係呢？

女孩這種以自我為中心的心理，源於父母的溺愛。**父母不僅要疼愛女孩，更應該讓女孩學會愛。**一位教育家曾說過：「溺愛是父母與孩子關係上最可悲的事，用這種愛培養出來的兒童不肯為別人奉獻一丁點兒。」

琳琳今年十二歲，有許多好朋友，大家都很喜歡她。琳琳這麼受歡迎，與父母自幼對她的教育分不開。琳琳是獨生女，父母覺得不能讓女兒形成自私、孤僻的性格，希望她能學會與人分享，擁有良好的人際關係。因此，每當媽媽幫琳琳買了玩具、圖畫書，都鼓勵她帶去學校與其他同學交換。媽媽這樣跟琳琳說：「把你的東西借給別人，再向別人借你喜歡看、喜歡玩的東西，這樣我們就能花很少的錢，玩很多玩具，看很多圖畫書。」琳琳也漸漸理解了分享的好處。現在，父母給琳琳買的玩具和圖書並不多，但她總能用僅有的東西與別人分享，並借來許多自己沒有的東西，同時還贏得了同學們的友誼。

好東西要和好朋友分享

在人際交往方面，女孩的最大障礙就是小氣、不愛分享。因此，父母應針對這個問題，給你的女孩灌輸**「一個人的快樂是小快樂，大家的快樂才是大快樂」**的觀念，鼓勵和引導自己的女孩與他人分享好東西。從女孩還只有幾個月大時，父母就要讓她學著與別人分享東西。女孩漸漸長大了，在餐桌上，可讓她學著幫長輩夾菜；鼓勵女孩替爸爸媽媽拿東西；教女孩給客人讓座等。讓女孩做這些事，可以讓她從中品嘗到做了有益於他人的事而帶來的喜悅，從而讓女孩學會分享、願意分享。

5 「傾聽」也是一種讚美
讓女孩做個受歡迎的人

心理學研究顯示，越是善於傾聽他人意見的人，人際關係就越融洽，因為「傾聽」正是對說話者表示讚美的一種方式。而且在對話中，任何人都不可能總是處於說的位置。要使交談的雙方溝通順暢，必須進行雙向交流。**學會傾聽他人的談話，不僅能及時把握對方的訊息，還能讓對方產生被尊重的感覺。**這樣做可以加深彼此的感情，有利於建立良好的人際關係。

但在現實生活中，我們常常發現自己的孩子很善於表達，卻不會傾聽，在與人交往的過程中無法表現出真誠，甚至連他人的建議和忠告也不願傾聽。**不會傾聽的女孩，最直接的表現就是愛插嘴。**有些父母誤以為這表示女兒機靈、聰明，因而對她加以讚賞或鼓勵。這反而助長了女孩愛出鋒頭的想法。

萱萱是個心直口快的女孩，跟同學聊天時，她總是搶著發言。當別人說話時，她也經常會打斷別人，迫不及待地說出自己的想法。上課時她常常不舉手，直接坐在自己的位置上大聲發表言論，因此同學們都對她有些反感。

不過，萱萱本人卻毫無自覺，反而覺得自己的觀點都是正確的，而且一定要表達出來。

一開始，老師以為萱萱這樣做是個性活潑的表現，許多同學也不去直接批評萱萱。可是時間一久，老師和同學們都越來越不滿了，有的同學甚至不願意理她。萱萱很納悶：為什麼大家都不喜歡我呢？

改掉愛插嘴的壞習慣

其實，萱萱勇於表達觀點並沒錯，問題就在於她總是隨意打斷別人談話，不願做個耐心的聽眾。這是一種對他人不尊重的表現。一個不知道尊重別人的孩子，很難擁有融洽的人際關係。

有些女孩在家中受到父母的寵愛，經常在大人說話時插嘴，沒辦法認真聽別人說話，這些不好的習慣其實都是大人縱容的結果。一旦讓女孩養成了以自我為中心的不良習慣，想讓她再學著去傾聽別人就變得不太可能了。

隨意打斷別人談話，是一種不尊重他人的表現。一個不知道尊重別人的孩子，很難擁有融洽的人際關係。

孩子首先是個獨立的人，其次是一個與大人平等的人，因此，**父母既不能無視女孩的自尊，但也沒必要把她當成全家的中心，什麼事都圍著她轉。**應該教女孩學會尊重他人，在別人說話時，安靜地聽別人把話說完後再發表自己的意見。這是一種傾聽他人的基本禮儀，也是幫助女孩擁有良好人際關係的最基本方法。

6 觀察、分析與提升

引導女孩聰明處理爭執

孩子之間經常會為了一點小事發生爭執，因為他們的思想發展還處於以自我為中心的階段，只能站在自己的立場上，而不會站在別人的角度考慮事情，也很難認同和接納別人的意見。

影響所及，在孩子互相交往的過程中就會產生矛盾，甚至發生爭吵和打鬥。

一般來說，男孩子容易因頑皮、好動而產生摩擦，女孩之間則因嬌氣、小心眼等個性特徵而發生紛爭。

正是從這些爭端中，女孩們學會了觀察和分析，並能從中掌握與同伴相處的技巧，提升自己的人際相處能力。**如果你的女兒與任何人都能和睦相處，沒有矛盾衝突，反而缺少了這種鍛鍊機會。**

從爭端中，女孩們學會了觀察和分析，並能從中掌握與同伴相處的技巧，提升自己的人際相處能力。

一天傍晚，爸爸和九歲的夢夢到公園散步。夢夢主動去找公園裡的小朋友們玩，並且很快就跟一個小女孩在溜滑梯上玩了起來。

可是沒多久，兩個女孩吵了起來，甚至彼此動手拉扯。爸爸趕緊走過去，要求她們重新訂立遊戲規則。夢夢見爸爸沒幫自己，就很生氣，爸爸則和氣地說：「你們是好朋友，有爭執就應該慢慢商量，動手打架是不對的，也不能解決問題。」接著轉向夢夢的朋友說：「大家事先約定好的，就應該按照規則玩，你說對不對？」那個女孩也點了點頭。

很快地，兩個孩子又愉快地一起玩了。

衝突並非都是壞事

女孩與同伴之間發生一些衝突並非都是壞事，因為孩子可以透過這樣的過程，明白互相尊重、互相謙讓的重要性，進而逐漸學會控制自己，約束自己，用友好的方式解決問題。因此，當看到孩子與朋友起了爭執時，**家長盡量不要搶著當「裁判」，而需要做一個「觀察者」或「引導者」**，盡量發揮女孩的主動性，讓她自己去解決紛爭。

如果女孩一時解決不了，**父母不妨適當引導她分析情況，學習從對方的角度「設身處地」地考慮問題。**可以教孩子放棄自己的意見順從對方，或者學會說服對方，讓自己的觀點被別人接受。又或者，教女孩學會「合二為一」，將雙方意見綜合起來，取得「皆大歡喜」的結果。

不過，如果女兒與對方之間的衝突升級為暴力，如出現打架、互推等狀況而明顯有人會受傷時，我們就要介入並制止了。

但是這時請不要馬上出言責罵，而是先制止孩子之間的「戰鬥」。可以先吸引住攻擊者的注意力，然後再將其帶到一邊，並告訴她：「你這樣打人，對方會很痛的。要是再這樣子，你就不要再和朋友一起玩了。」在發出這樣的警告後，說話也一定要算數。如果女孩不想馬上結束遊戲，之後也就不會再出現攻擊行為了。

7 對不起，謝謝你
傳授女孩拒絕的藝術

拒絕別人是一件不太容易的事，尤其對於比較害羞的女孩來說更是如此。有些女孩擔心拒絕後會惹對方生氣，或者怕會得罪人。有的女孩則是不好意思說不。

然而，學會拒絕不僅是女孩必須踏出的自我保護的第一步，也是將來建立正常人際關係所需掌握的處世技巧。**一個不會拒絕別人的女孩，很容易被他人左右和利用，成為缺少主見的人，有時甚至會給自己帶來危險。**在成長的過程中，「拒絕的藝術」是一門重要的功課，可以幫助女孩逐漸學會以自信和自尊，在人際交往中從容應對。

依依是個很熱心的女孩。朋友請她幫忙，她從來沒有拒絕過，即使自己很忙，她也會放下手中的事去幫助別人。

一天，依依正在背課文，鄰居家的梅梅邀她出去踢毽子。依依說：「我正在背書呢，明天老師要考試。」梅梅說：「沒關係啦，我們玩一下子就回來。」依依不好意思拒絕，只好放下課本跟著梅梅出去。結果她玩到很晚才回來，只好熬夜把課文背完。

媽媽問她為什麼不拒絕梅梅。依依說，她怕得罪同學，如果常常拒絕別人，以後同學就不跟自己做朋友了。

聽了依依的話，媽媽告訴她：「只要你的理由是正確的，就不要害怕說不。不過，在拒絕時可以適度地委婉一些，不要太直接，就不會傷害到人了。這樣做，別人也不會怪你，更不會因此而不理你。當然，同學真的有困難時，你還是應該及時伸出援手。」

聽了媽媽的話，依依如釋重負，逐漸學會了勇敢說「不」。當然，她也沒有因此而失去朋友。

禮貌而婉轉的拒絕方式

人際交往的能力，除了要學會待人，也要學會適當地拒絕。因為我們不可能答應別人所有的要求，如果無法大膽地拒絕，事事遵照別人的意願，不但使自己為難，也很難得

學會拒絕不僅是女孩必須踏出的自我保護的第一步，也是將來建立正常人際關係所需掌握的處世技巧。

到別人的重視。

要是遇到不好意思正面拒絕的情況，**可以採取迂迴方式，很禮貌而婉轉地表達想法。**例如，當女孩在寫作業時，同學叫她出去玩。如果她直接說「不去」，可能會讓對方很不高興。我們可以教女兒這樣回應：「去玩？太好了，我真想去！可是很不巧，我的作業還沒做完，老師叫我們明天一定要交的。」對方也就不好意思再勉強她了。

8 不再「怕生」了
幫助女孩克服社交恐懼症

有些女孩很怕生，甚至連與熟人說話時都緊張得滿臉通紅，有時還會出現口齒不清、口吃、不敢抬頭看人等情況。

有些父母覺得女兒出現這種問題是因為年紀小，膽小、害羞，長大自然就好了，而且這樣的孩子老實、聽話，不會讓人操心。

事實上，這可能是一種「社交恐懼症」的表現。**如果在與人交往時經常出現這些現象，可能是自卑心理在作祟。**

所以，對於女孩的「怕生」不能輕忽。這類女孩長大後，也可能會有程度不等的社交恐懼傾向，嚴重者甚至會成為社交恐懼症患者，無法建立穩定的人際關係，變得內向、孤獨，人生觀也傾向消極和悲觀。

對於女孩的「怕生」不能輕忽，當她長大後，也可能會有程度不等的社交恐懼傾向，無法建立穩定的人際關係。

文文是一個十一歲的女孩，品學兼優。但是在學校裡，無論上課或下課時間，她總是十分安靜，從不主動發言，也不與其他同學聊天。每當同學找她一起玩，她就會顯得很緊張，不知所措。

老師向文文的爸爸反映這個狀況，爸爸趕緊帶女兒去看了心理醫生。醫生詢問情況後認為，文文患了輕微的社交恐懼症。原來，她的個性比較內向，自尊心很強，平時父母都很忙，沒時間好好與她溝通，而她有了問題又不好意思跟同學說，所以只能自己壓抑，結果就出現了這樣的症狀。

半年後，在醫生和父母的幫助下，文文的社交恐懼症漸漸消失了，也開始主動與同學來往，還有了幾個比較知心的朋友。

家長要及時給予正確的引導

社交恐懼症的形成，一是由於天生比較內向的性格所致；二是由於家庭教育過於嚴厲，對孩子要求過高；三則是壓力過大，或孩子經常獨自一人，缺乏與人交往的經驗。

我們成年人可能也有過這種經歷：在眾目睽睽之下講話會感到緊張；在社交場合與陌生人打交道，也會有些遲疑與害怕。但這些緊張與害怕多數都只是短暫的，並會隨著年齡的增長、智力的發展與知識的累積等漸漸消失。

但是對於孩子來說，在與人交往過程中出現緊張、口吃、心跳加速等現象時，有可能是社交恐懼症。此時若家長未及時給予正確的引導和幫助，孩子會表現得越加嚴重，甚至到難以與人交往的地步。尤其是個性本來就膽小、害羞的女孩，表現會更強烈。

害怕與人來往的女孩，多是出於內心自卑，害怕被別人拒絕。對於這樣的女孩，**要協助她克服自卑心理，增強自信心，不妨多幫她找一些機會參與人際交往活動。**例如，放假時一家人出去旅遊，在旅程中，帶著女孩一起買車票、聯絡住宿的事，或者讓她去買遊樂園門票等。透過與陌生人打交道，增強女孩的交際能力，並提高她對於新環境的應變力。還可以帶著女兒一起、或者安排她單獨參加營隊活動等，多鼓勵她觀看展覽或演出，參加演講比賽或上臺表演，甚至參與遊戲搶答等活動。**鼓舞她盡量去接觸人，拓展眼界，豐富自己的生活經驗，以此克服社交恐懼。**

9 蹺蹺板的啟示

讓女孩懂得合作

現今有許多女孩普遍缺乏合作意識，由於是家裡的「小公主」，被所有人寵愛著，於是逐漸養成了「以自我為中心」的心理，缺乏團隊合作的概念。但是在日常生活中，有許多工作必須要兩個或兩個以上的人合作才能完成，單憑一己之力是無法做到的，這充分說明了與人合作的重要性。

一天，媽媽帶著六歲的涵涵去公園玩，涵涵最喜歡和媽媽玩蹺蹺板。可是當她們到公園時，有另一對母女正在玩蹺蹺板。涵涵見自己不能玩了，就大哭起來。媽媽連忙安慰她：「別急，等小姊姊玩完了，就輪到我們了。」

正和女兒玩的那位媽媽看了，說：「來，小朋友，你來跟小姊姊一起玩好嗎？」

涵涵還是哭著說：「不要，我要和媽媽玩。」

於是，另一對母女讓開了，涵涵一下子就不哭了，趕緊坐在蹺蹺板上，叫媽媽也坐上來。媽媽故意不上去，涵涵因為沒人壓住另一端而無法玩，於是出聲請求：「媽媽，快來跟我玩吧！我自己沒辦法玩。」

媽媽語重心長地告訴她：「涵涵，蹺蹺板需要兩個人才能玩，很多事同樣需要兩個或幾個人一起才能做好。以後與你合作的對象不只是媽媽，還有很多別的人，你應該學會和別人合作。」

涵涵若有所思地點點頭。

接著媽媽問她：「現在去找小姊姊，你們一起玩可以嗎？」

「好。」涵涵一邊回答，一邊跑向那位小姊姊，兩人高興地玩了起來。

給女孩合作的「機會教育」

這是一位聰明的母親，當女兒不願與人合作時，她沒有勸說或指責女兒，而是先讓她體驗一下不合作帶來的挫折感，然後給予孩子引導，最後讓她體驗到合作產生的快樂。

有時，我們也可以利用這種方式，**讓女孩體會一下「單打獨鬥」帶來的失敗感和挫折感**，進而間接讓她明白：任何一個人都無法孤立地生活在這個社會上，只有學會與別人合

當女兒不願與人合作時，先讓她體驗一下不合作帶來的挫折感，然後給予引導，再讓她體驗到合作產生的快樂。

作，才能達到雙贏。享受共同的合作成果，才能獲得更廣闊的空間，贏得長遠的發展。

我們平常可以從一些生活小事著手來教女孩。例如，家中的大床需要移位置，不妨先讓女兒一個人試試，她一定搬不動，這時可以適時對她講解與人合作的重要性，然後和她一起搬動這張床。或者在玩遊戲時，故意不與女孩配合，讓她一個人玩，當她體驗到一個人玩沒有趣味，就會希望有人跟自己一起玩，這也能讓她體會合作的重要性。**充分運用生活中的一切事物，給女孩「機會教育」，逐漸強化她的合作意識，並適當傳授給她與人合作的技巧。**

10 守信用，從父母做起

教女孩與人交往講誠信

誠信是人際交往中最基本的道德準則。守信用的女孩會讓人覺得踏實可信，穩重而不輕浮，也更有人緣。而總是喊著「狼來了」或說話不算數的女孩，則無法得到他人的信任，更難以贏得良好的人際關係。

舒雅是一個七歲的女孩，媽媽平常很關心她的交友情況，鼓勵她和朋友互相幫忙，並且叮嚀她對朋友一定要守信用，說話算話。對此，舒雅一直牢記在心。

一個星期天的早上，媽媽對舒雅說：「媽媽今天有時間，我們一起去水上樂園玩吧！」

但舒雅回答：「媽媽，我今天不能跟你出去玩，因為我已經和雯雯約好要去豆豆家了。」

媽媽一聽，試探著問女兒：「水上樂園多好玩啊！你不是一直很想去嗎？你打個電話給雯雯，告訴她你們下次再去豆豆家。你們隨時都可以一起玩，可是今天媽媽好不容易才有時間陪你。」

舒雅搖了搖頭，說：「媽媽，你不是一直告訴我要守信用嗎？我這次真的不能和你一起出去，我們下次再去水上樂園吧，好嗎？」

媽媽高興地說：「當然好了。我們家舒雅真是個守信用的好女孩。」

培養女孩的誠信是一點一滴累積而成的。對於女兒答應我們的事情，以及她答應別人的事，我們都要監督她做到。

不管大人或小孩，說話都要算話

我們要像這位母親一樣，從小教導女孩做一個言出必行的人，承諾了就要做到。

培養女孩的誠信好品格是一點一滴累積而成的。對於女兒答應我們的事情，如早上幾點起床、出去玩多久、去超市買什麼東西、看電視只看多久的時間等，以及她答應別人的事，我們都要監督她做到，不能輕易遷就、放縱孩子。

女孩子的感情通常比較細膩，比較敏感，很在乎父母對她的評價。所以，**當她履行承諾時，一定要及時給她肯定和鼓勵。這種肯**

定可以是言語上的，例如：「做得很棒」、「真是個守信用的孩子」，也可以透過動作來表達，例如：一個燦爛的微笑、一個溫暖的懷抱等。這些都可以為女孩增加誠信的正能量，進而使她更加願意在人際交往中實踐這個優秀品格。

小心，這些話會影響女孩的好潛能！

——「教過你多少次了？為什麼還這麼沒禮貌？」

父母可以這樣做

有禮貌的女孩處處都會受人歡迎。但是對女孩進行禮儀教育，並不是靠刻意的調教或培養，而是讓她在一種良好的環境中得到薰陶，並得到適當的指導，這樣她自然會成為一個有禮貌的人。如果總以強迫、說教的方式，要求她必須做到這些、做到那些，反而容易引起她的反感。在她對某件事反感的情況下，你又怎麼能指望她學得會、學得好呢？

——「媽媽幫你買的文具都很貴，不要借給同學用，他們會弄壞的！」

父母可以這樣做

這樣的話語只會讓你的女兒變得越來越自私，越來越不懂得分享。昂貴的文具換來的卻是女兒的自私，父母覺得這樣做值得嗎？

其實，一些女孩自私的性格並不是天生的，而是在父母的一些不當的教育方式下所形成。有不少家長都是一方面毫無原則地寵女兒，一方面又感嘆女兒不懂事、太自私，卻沒有意識到是自己的教育方法出了問題。也正是由於父母缺乏正確的教育觀念，才讓女孩不懂得也不知與人分享，只會以自私、霸道的方式和人相處。自私的女孩也會成為同伴排斥的對象，很難融入群體之中。

第七章 樂觀的女孩最美麗

樂觀是一種積極的生活態度，也是一種性格。相較於男孩，敏感的女孩更像是一朵朵嬌弱的小花，一點點的負能量都容易使她們陷入悲觀的情緒之中。樂觀的心態不但可以讓女孩對未來充滿希望，給她們勇氣去克服困難，也可以帶給她們快樂，遠離悲傷。越是樂觀的女孩，也越能夠有自信地發揮自己的優良特質。

1 快樂是應該的

鼓舞女孩的正向潛能

女孩的個性及生活狀態，是在父母的影響下慢慢培養起來的。如果父母比較悲觀，女兒也很難樂觀。相反地，若父母總是積極看待生活，女兒也大多會樂觀開朗。

娜娜今年七歲了，長得很可愛，就是比較悲觀。為了培養她的愛心，媽媽讓她養了幾隻小鳥。可是沒幾天，有一隻小鳥生病了，娜娜很難過地說：「看著這隻小鳥生病多難受啊！讓我代替牠生病好了。要是小鳥死了，我也不想活了⋯⋯」過了幾天，小鳥真的病死了，娜娜大哭了一場，還自言自語地說：「我養的小鳥死了，小松鼠跑了，花枯萎了，為什麼我沒有一樣做得好呢？」

看見女兒那麼傷心，還喃喃自語地說了這麼多，媽媽有點想不通：一個小女孩，怎麼會有那麼多的悲觀想法呢？

養育孩子的過程，也是父母不斷充實自己和學習的過程。所以希望女兒快樂，父母必須先真正擁有一顆樂觀的心。

以正面情緒引導孩子

養育孩子的過程，也是父母不斷充實自己和學習的過程。所以希望自己的女兒快樂，父母不僅要盡量在女兒面前表現得樂觀，營造快樂的氣氛，更重要的是，必須真正擁有一顆樂觀的心。面臨困難時，我們應保持冷靜，以積極樂觀的態度想辦法解決，給女孩信心和榜樣。

當女孩遭遇困境時，父母則要多留心她的情緒變化。發現她悶悶不樂，**不論你多忙，都要擠出一點時間與女兒交流**，利用正面情緒的引導，陪伴她擺脫心理障礙，使內心的悲觀情緒及時得到化解。

對女孩來說，父母永遠都是最強大、最有力的支持者，也是最重要的正能量榜樣。

2 樂觀的連鎖反應

越正面思考的女孩越好運

在人們的眼中，女孩彷彿是所有美好事物的代名詞。然而，如果一個女孩總是沉浸在陰鬱、愁苦之中，跟她在一起也不會開心，別說朋友了，恐怕就連家人也會想與她保持距離。

相反地，樂觀的女孩無論走到哪裡都會受歡迎。因為這樣的女孩不管遇到什麼樣的困難，都有能力克服。**面對生活中的每一次轉變，樂觀的個性有助於女孩獲得更多成功的機會。**積極的態度也能夠幫助她更完美地實現目標。這個特質比任何物質的財富都重要。

一位美國著名的潛能開發大師經常應邀赴世界各地巡迴演講。有一天，人在韓國的他正準備開始演講時，忽然收到一封來自美國的緊急電報——他的女兒發生了一場意外，已被送進醫院進行緊急手術，可能必須切除小腿！

樂觀的女孩無論走到哪裡都會受歡迎。因為這樣的女孩不管遇到什麼樣的困難，都有能力去克服。

一聽到這個消息，他心痛不已，火速取消演講，趕回美國。看到躺在病床上，雙腳的小腿都已被切除的女兒時，他心如刀割。然而女兒並沒有對自己失去信心。看到父親很痛苦，反而笑著安慰他：「爸爸，你不是常說任何苦難與問題的背後，都存在著更大的幸福嗎？不要難過啊，或許這就是上帝給我的另一個幸福。」

他無奈又激動地說：「可是你的腳……」

女兒非常懂事地說：「爸爸，你放心，腳不行，我還有手可以用呀！」

聽了這句話，他雖然心酸，但也很欣慰。

裝上義肢後，女兒無法跑步，只能緩步行走。可是兩年後，升入中學的她不但入選了壘球隊，還憑藉堅強的毅力，成為校隊有史以來最厲害的「全壘打王」。

樂觀是可以後天養成的

一位教育專家曾說：「培養笑容就是培養心靈。把孩子培養成面帶笑容的孩子，是把孩子培養為樂觀、進取的人最重要的條件之一。」身為父母，我們應該讓笑聲伴隨著女孩成長，讓孩子的生活永遠充滿陽光。

有些女孩天生就比較樂觀，有些女孩則相反。心理學家發現：樂觀的個性是可以培養的。**即使你的女兒天生不具備樂觀的性格，也完全可以透過後天的努力來實現。**

美國教育學家塞利格曼（Martin Seligman）指出：父母對孩子的教育方式正確與否，明顯影響著孩子日後的性格是樂觀還是悲觀。因此，要培養女孩樂觀的心態，父母首先要身體力行，**營造出一個樂觀、溫馨的家庭環境**，讓女孩快樂地學習、生活。還要教會女孩正確面對批評和挫折，學會樂觀向上。多給予女孩賞識與鼓勵，多給她笑聲與溫暖，女孩就會逐漸形成樂觀開朗的性格。

3 壓力需要發洩

女孩要學會釋放負能量

人生之路充滿了艱辛與坎坷，女孩總會面臨各種各樣的壓力，這種壓力可能來自生活，可能來自家庭，也可能來自學校和社會。當置身於各種困難中時，女孩最需要的就是學會「紓解壓力」。只有這樣才能釋放出身上的負能量，吸收正能量，讓自己具備樂觀、積極的心態。

相反地，如果面對壓力和困難時，不知道該如何減壓，將會使壓力像不斷充氣的氣球一樣，隨時都有可能爆炸。

雯雯是一個十四歲的女孩，正在讀國二。平日，父母總是要求她在班上保持前三名。雯雯很用功，而且她自尊心強，不服輸，對自己的要求也很高，所以她的學業成績十分優異。

然而國二的期末考，雯雯表現得並不理想，只考了全班第六名。她覺得很難過，回家後把自己關在房間裡，連晚飯都沒吃。

雯雯的舉動並沒有引起父母的重視，他們只是以為女兒在耍脾氣，過兩天就好了。沒想到，第二天雯雯給父母留下一封信，就離家出走了。

在信中，她告訴父母，自己的心理壓力實在太大了，這段時間靜不下心念書，很怕自己考不好。她不知該如何紓解這種情緒……這次考試沒考好，她覺得很對不起爸媽，所以她決定離家出走，不再給爸媽添麻煩。

看不到的壓力更可怕

我們常常覺得現在的孩子生活很幸福，要什麼有什麼，除了讀書之外，什麼都不需要煩惱，所以也不會有什麼壓力。

其實不然。孩子也有他們自己的壓力，尤其是女孩心思細膩、敏感，凡事想得比較多。**學習壓力、師生關係、人際交往、青春期的到來等，都可能給女孩帶來一定的壓力。**這些不良的情緒埋在心裡，日積月累下來，輕則損害身心健康，重則可能發生一些後果嚴重的事。

所以，在瞭解女兒可能承受的種種壓力後，父母應教她學會選擇適當的方式紓壓。例

豐富多彩的休閒活動有助女孩轉移注意力，使她的內心產生向上的熱情，進而增強自信心，達到紓解壓力的目的。

如，感覺到女兒有壓力時，可以鼓勵她向父母傾訴一下，**親子一起來尋找解決問題的方法。**或者為女孩安排一些健康的娛樂活動，如游泳、爬山、看電影等，大家一起到大自然中呼吸新鮮的空氣也很好，或是鼓勵她多與朋友交往。

豐富多彩的休閒活動有助女孩轉移注意力，使她的內心產生一種向上的熱情，進而增強自信心，達到紓解心理壓力的目的。在學著釋放出情緒中那些悲觀、消極、無奈等負能量的同時，她們也就擁有了更多樂觀、堅強、自信的正能量，也更有勇氣面對生活中的困難和挫折。

4 自我激勵
讓女孩整合熱情與積極

德國人力資源開發專家斯普林格曾寫道：「強烈的自我激勵是成功的先決條件。」可見，自我激勵對一個人的成長與成功具有重要意義。

如果一個女孩善於進行自我激勵，她就能夠好好激發出自身的潛能，創造好的成就。相反地，總是無法激勵自己的女孩，也容易慢慢喪失信心。就算擁有再好的天賦，潛力也無法被開發出來。

十四歲的琳琳，平常喜歡聽父母誇獎她。每次受到爸媽誇獎，她就會產生很大的學習動力。如果爸媽較長時間沒有誇獎她，她的學習動力就會降低，成績也跟著下降。

琳琳也希望老師能經常讚美自己，這樣她會覺得受到鼓舞，有更大的學習信心。父母瞭解了女孩的這個心理，便想辦法拜託老師多給女兒一些鼓勵。但老師每天要面對那麼多的同學，有時難免會忽略這件事，琳琳回家後就會悶悶不樂。

這個學期，班上換了新導師，他對學生很嚴格，很少稱讚學生，琳琳竟然因為沒得到老師的鼓勵就不想去上學了！

她的父母這才意識到，自己平常太寵女兒了，使她無法擺脫對他人鼓勵的依賴性，又不會自我激勵，才出現了這樣的問題。

經由不斷的自我激勵，孩子會產生一種強大的動力，這種動力能鼓舞他們不斷取得新成就，最終到達成功的巔峰。

激發繼續奮鬥的力量

在成長過程中，孩子的大部分行為都是透過鼓勵產生的。經由不斷的自我激勵，孩子會產生一種強大的動力，這種動力能鼓舞他們不斷取得新成就，最終到達成功的巔峰。可以說，**自我激勵會鼓舞孩子做出選擇並付諸行動，幫助他們將熱情、好情緒、好習慣、積極態度等正能量整合起來，並加以發揮。**

雖然每個孩子都希望能得到別人的幫助和鼓勵，但事情的最終發展還是要靠自己。所以，父母應該教育女孩，不要光把希望寄託在他人身上，而要學會自我激勵，讓自己充滿自信，這樣才能透過努力，創造奇蹟。

在引導女孩進行自我激勵時，可以鼓勵她經常這樣告訴自己：

「我有溫暖的家庭，有疼愛我的爸爸媽媽，我很健康，也很幸運，我希望自己能幸福。」

當女孩遇到困難時，我們可以鼓勵她這樣對自己說：

「我可以做到，我要多嘗試，一定可以找到解決問題的辦法。」

「我是最棒的，只要我努力，就能成功。」

當女孩遭遇失敗時，我們可以引導她這樣鼓舞自己：

「我相信自己，我不怕失敗，我一定能戰勝失敗。」

透過自我激勵，女孩能逐漸產生自信，獲得繼續奮鬥的力量。當然，自我激勵只是一種精神作用，實際上想要有所進步，必須腳踏實地去努力。所以別忘了提醒孩子，在進行積極的自我激勵後，一定要為實現自己的目標而付諸行動。只有經歷了奮鬥的過程，這份自我激勵才能真正發揮效用。

5 適度表現自我

女孩要開朗，也要適時含蓄

個性樂觀、開朗的女孩，不僅自己容易感到快樂，也更能讓身邊的人快樂。但是，開朗、樂觀也要適度。任何行為表現得太過度，都有可能引起不必要的誤會。

十四歲的小蕊個性活潑，在學校裡跟許多同學都能打成一片。有段時間，小蕊與班上一個男生因為都喜歡電影《變形金剛》，總是在一起聊得很開心。但班導師注意到這兩個孩子走得太近了，還以為他們在談戀愛。

小蕊的媽媽得知後，連忙問小蕊是怎麼回事。

小蕊一臉不解地説明事情的原委，媽媽聽了不禁搖頭説：

「你呀！個性開朗是很好，不過有的時候也要含蓄一點。媽媽不反對你跟男

生交朋友，但是提醒你要注意有個限度，這樣也是保護自己，以免引起一些不必要的麻煩和誤會。」

開朗不等於輕浮

現代社會提倡自由、熱情、奔放，我們當然不需要照以前那種「笑不露齒」的禮教去約束女孩，只是要提醒她，在活潑開朗的同時，也要適當表現得含蓄一些。

例如，對於講話比較口無遮攔的女孩，**要引導她注重思考**，學會使用恰當的話語表達。太過大而化之的女孩，**要多教她做事的規矩**，尤其要避免一些令人覺得輕浮的動作，保有基本的禮儀。

「含蓄」不只是針對異性，女孩與女孩子之間也一樣，不要隨便把自己所有的事情都展露給他人。當然，在異性面前更要注意保持距離。能夠做到這些的女孩，再加上天性樂觀開朗的好性格，才會贏得更多人的尊重和喜愛。

6 開發可塑性

女孩要肯定自己的才華

每個女孩的可塑性都很大，也都有自己擅長的特點，**也許她現在還不夠優秀，但不代表她沒有能力，很可能只是這種潛能尚未被開發出來而已。**父母要做的，就是相信自己的孩子，給她積極的鼓勵，激勵她對生活保持樂觀。父母的這種教育理念對開發女孩的潛能、培養女孩的樂觀個性來說是至關重要的。

敏敏因為長得不好看，從小就很自卑。上小學時，一些頑皮的同學叫她「醜小鴨」，她難過得大哭，不肯去上學。可是爸爸對她說：「醜小鴨也可以變天鵝，就看你敢不敢展翅高飛了。」爸爸的鼓勵讓敏敏感到很溫暖。漸漸地，她對別人的看法不那麼在意了，每天都過得很開心。

上國中後，有一天，敏敏回家告訴爸媽，她下學期想選班長。媽媽很驚訝，準備阻止，但爸爸對妻子使了個眼色，微笑著對女兒說：「你好好努力吧！想想怎麼獲得同學支持。爸爸相信你會成功的。」爸爸的鼓勵讓敏敏信心滿滿，此後更積極地在班上表現自己：幫助同學、維持班級秩序、協助老師處理班務……經過半年的努力，她獲得了同學們的支持，下學期一開始，終於如願以償地當上了班長。

國二時，敏敏想參加學校的歌唱比賽，爸爸積極地鼓勵她：「孩子，努力做你喜歡的事吧！」於是敏敏參加了歌唱比賽。雖然她並不是唱得最好的，但是所有評審都被她的自信演出打動了，一致給她最高分。敏敏再一次嘗到了成功的喜悅。

掌握開啟女孩潛能寶庫的鑰匙

對於需要被肯定、獲得自我滿足的女孩來說，**開啟她潛能寶庫的鑰匙，就是激發她的自信和樂觀**。父母可以鼓勵女孩多多主動地展現自我，她的智力和信心也會獲得更大的啟發。而當發現女兒有了進步時，父母也別忘了給予真誠的肯定和讚美。

一般來說，孩子早期的努力是基於他們的個人信念，因此父母對女兒接受新挑戰所表現出的積極態度，會增加她的信心，激發她產生更多的動力。更是向女孩傳達出一個重要的訊息：**「你可以做到。」**得到了父母肯定和支持的女孩，也會變得更相信自己的能力，進而不斷發掘自己的潛能，讓自己的內心變得更強大。

7 對自己好一點

鼓勵女孩接受不完美

聰明的孩子通常也很受人喜愛，因此一般都以為他們過得比其他孩子更輕鬆、愉快。然而，根據國外心理學家的調查，發現聰明的孩子受到的壓力往往比普通孩子更大，因而也更容易受到悲觀、沮喪、憂鬱等負面情緒的影響。

其中，**聰明的女孩受到的壓力，往往比聰明的男孩子更大。**因為聰明的女孩在學校裡大多學業成績優秀，容易受到老師的喜愛和同學的羨慕。正因為如此，「只許成功，不許失敗」也漸漸成為她們心中的座右銘。為了爭第一或保住第一，她們經常將自己弄得筋疲力盡，因而失去了很多生活的樂趣。

同時，來自家長、老師和同學的讚美，更讓她們養成了事事要求完美的心理，加重了心理壓力。

十五歲的欣然功課非常好。媽媽經常告訴她，女孩要立大志，爭取第一名。所以從幼稚園開始，媽媽都讓她進最好的學校，鼓勵她取得好成績。欣然很爭氣，整個小學、國中期間，她都品學兼優，保持在班上的前兩名。

上高中後，由於大家都很強，欣然便顯得不那麼突出了，考試的總成績總是在十名前後徘徊，讓她感到非常難過。她經常給自己壓力，要求自己一定要爭第一，以後才能考上最好的大學。

然而，不管她怎麼努力，進步幅度都很有限。欣然漸漸對自己失去了信心，認為自己不夠優秀，辜負了爸媽的期望。為此，她常常陷入痛苦、自責之中，結果患了嚴重的憂鬱症。

孩子，請你不要過分苛求自己

凡事追求完美的女孩，經常會感到焦慮、沮喪和壓抑。事情才剛開始，她們就擔心自己做不好，害怕失敗，反而妨礙了自己集中精神，無法全力以赴地追求成功。一旦遭遇失敗，她們又會失去自信，變得悲觀、消極，甚至覺得看不到未來的希望。

對於自我要求太過嚴苛、一心追求完美的女孩，父母應該讓她明白，世界上原本就沒有十全十美的事情，她也不可能時時刻刻都做到完美。所以，就算我們希望她變得優

對於一心追求完美的女孩，父母應該讓她明白，世界上原本就沒有十全十美的事情。

秀，**她也不需要過分苛求自己。**

同時也要讓女兒明白，一個人要能夠正確地認識自己。如果無法認清自己的價值，只是一味地苛求完美，就會給自己加重精神負擔，造成悲觀、自責的心理。嚴格地要求自己是好事，但有時也要學會原諒自己。例如，這次考試，她覺得自己表現好的地方是哪裡？沒考好的原因在哪裡？有沒有自己做得不夠好之處？**教她學會適當地寬容自己與「姑息」自己的失誤**，這是一種理智的表現，也能培養她面對挫折時的一種樂觀、積極的心態。

8 熱愛人生

讓女孩明白生命的可貴

所謂生命教育，就是讓孩子**懂得尊重和珍惜生命的價值，熱愛每一個人的生命。**生命教育的最終目的，在於讓孩子掌握必要的生存技能，增強承受挫折和困難的能力，培養起堅定的信念，學會關心自我、關心他人、關心社會，從而樹立起樂觀、積極、正確的人生觀。

一直以來，我們的教育都是圍繞著如何讓小孩成績好、怎樣考入一流的大學，將來如何找到理想的工作、出人頭地等，「生命教育」幾乎成了教育的盲點。正因為如此，許多女孩不懂得生命的價值，動不動就將「死」字掛在嘴邊：「你們再管我，我就死給你們看！」「你們都不愛我，我乾脆死了算了！」

人最寶貴的就是生命，健康也是一個人最大的財富。如果連生命都沒有了，又談何教育和成功呢？

日本有位享譽國際的鋼琴家辻井伸行，一出生就看不見，但他從未放棄自己，相反地，他憑著不懈的努力，讓自己發光發熱。

眼睛看不見，但他有天生的好音感和敏銳的音樂感受力，才八個月大，就能用「聽」的分辨出不同鋼琴家的演奏。然而，一個看不到樂譜和琴鍵的孩子，如何彈鋼琴？為了克服這個大難關，他反覆聆聽老師錄下的演奏錄音帶，記下每一個音符，接著，就是不斷的練習、再練習，直到與樂曲、音符和琴鍵融為一體。

二十歲那年，他參加了四年一度，世界難度最高的三大鋼琴賽之一「范克萊本國際鋼琴大賽」，勇奪第十三屆的首獎，成為第一位得獎的日本人，也是第一位獲得國際鋼琴大賽冠軍的盲人，從此，邁向了國際鋼琴大師之路。

生命教育的目的，在於讓孩子掌握必要的生存技能，增強承受挫折和困難的能力，樹立積極、正確的人生觀。

規畫美好的人生藍圖

我們不時會在媒體上看到類似的報導：年輕女孩因為一些很小的事而傷害自己或者別人。這些例子雖然觸目驚心，卻都是發生在我們身邊的事實。這些平常看起來柔柔弱弱的女孩，觀念和行為卻如此令人不解。我們不禁要問：我們的孩子怎麼了？

歸根究柢，最主要是因為**我們沒有好好地對孩子們進行「生命**

教育」。在單純的女孩眼中，世界是美好的，父母和老師應該永遠對自己好，生離死別都只是童話裡的故事……但當她們面臨學業加重、人際關係的複雜、青春期到來等難題時，就會漸漸明白：世上有殘酷的競爭，有令人煩惱的人際關係，還會有真正的生離死別。這世界並沒有她們想像的那麼美好。這時，她們就容易產生一種悲觀、厭世的心理。

為避免女孩產生錯誤的生命觀，我們做父母的應該教女兒從小就學會欣賞生命、珍惜生命。**要讓她們明白就算生命的歷程中有很多困難，都是可以透過自己的努力克服的，完全不必以犧牲生命為代價。**

同時，**我們還應幫助女孩正確地認識世界，規畫自己美好的人生藍圖。**要做到這一點，首先要讓她們明白生命的意義和價值所在。告訴她們，生活中雖然有許多挫折和坎坷，但生命的本質是光明的，無論遇到什麼困難，人都要堅強地活著。用我們的陪伴和引導，幫助女孩排除悲觀、厭棄生命的可能，讓她們學會珍惜自己和他人的生命，積極樂觀地面對自己的未來。

9 大聲說出「我希望」
幫助女孩畫出理想藍圖

看到「女孩要有理想」的主張，不少家長可能會這麼想：

「小女生談什麼理想？讓她們過得舒舒服服，不愁吃穿就行了。」

「女孩的理想就是長大了嫁個好男人，一輩子求個安穩。」

「我希望女兒能幫我完成我年輕時沒有實現的夢想。」

不可否認，許多父母都存有這樣的想法。然而，理想是幫助一個人前進的指引。受到家長這種觀念的影響，許多女孩內心萌發的「我希望……」、「我想要……」很可能就此夭折了。

小雅今年七歲，非常有藝術天賦。凡是看過的東西，她大多都能畫出來，而且栩栩如生。因為這個緣故，媽媽一直想讓小雅去學畫畫，可是小雅並不願意去。

她跟媽媽說：「媽媽，我的理想是當一個老師，我不想當畫家！」

媽媽覺得女兒有這麼好的天賦，不好好發展實在可惜了，於是硬是幫小雅報了繪畫班，每天強迫她去學習。小雅雖然畫得不錯，可是因為自己並不喜歡，所以學起畫來也不積極，每次都要媽媽連哄帶騙的，她才肯去上課。

幾個月後，媽媽忽然發現，小雅雖然學了很長一段時間的繪畫，但是畫得卻大不如前了。

不要忽視女孩本身的興趣和天賦

年幼的女孩還不懂什麼對提升她的內涵與素質有用，也不清楚哪些理想是適合她付出奮鬥的，但是在她心裡卻有著極其分明的好惡。**對於自己不喜歡的事情，即使按照父母的意思去學了，也往往會採取消極應付的態度。**在這樣的情形下，不大可能達到多好的效果。

因此，在陪伴女兒朝理想前進時，既不要將自己的想法強加給她，也不要忽視了她本身表現出來的興趣和天賦。事實上，隨著女孩逐漸長大，她的「理想」往往也是不斷變化的。小時候，她可能想做老師；再長大一點，小說看多了，她可能想當作家；等她真的長大了，看到明星那麼風光，又可能想成為演員……

所以**在女兒小的時候，父母只要幫她樹立一個她願意為之積極努力的理想即可。**例如，小雅想當老師，媽媽要做的不是強迫她去學畫，而是鼓勵她朝著當一名優秀教師的方向努力，同時再兼顧培養她的繪畫才華，相信小雅一定會有更明顯的進步。

在女孩很小的時候，就在她們的內心種下樂觀的種子，這種積極的態度將會陪伴她們一生，做任何事都充滿熱情和動力，擁有更豐富、快樂的人生。

在陪伴女兒朝理想前進時，既不要將自己的想法強加給她，也不要忽視了她本身表現出來的興趣和天賦。

10 培養完善的人格

與女兒一起欣賞勝利者

女孩漸漸長大，面臨的競爭會越來越多。我們當然都希望自己的女兒是勝利者。但是，任何人都不可能是常勝軍，不管多優秀的女孩，也可能在人生道路上遭遇各種失敗。與男孩相比，女孩比較脆弱、嬌柔、意志力差，承受挫折的能力不強，所以遇到挫折時，容易產生一些悲觀或嫉妒他人的心理。

面對孩子的失敗，家長切忌灰心喪氣，或者對女兒大加指責：「你真沒用！我這麼多年白養你了！」「看人家甜甜多優秀，再看看你！」這不僅會讓女孩更難過，還會讓她變得自卑。

事實上，聰明的家長應坦然面對女兒的失敗。不僅不責備她，更要與她一起欣賞勝利者，從勝利者身上找出優點與長處，同時對比自己身上的弱點和不足，找到提升自己能力的方法。這個過程會增強孩子的自信心和上進心。因為在女孩眼中，**此時的父母已不再只是父母，而是她可以並肩作戰、值得信賴的朋友。**

七歲的佳欣是班上的班長，品學兼優，深得老師的信賴。然而在選模範生時，一向表現優秀的佳欣輸給了班上的另一個女同學。

回到家後，佳欣很沮喪。媽媽問清楚原因後，對她說：「女兒，不要難過。能當選當然好，但失敗了也沒關係，我們可以看看別人比我們優秀的地方呀，這樣就知道以後該怎麼努力了。再說，即使別人當選也是值得高興的事，我們應該恭喜你的同學，一起分享她勝利的快樂。你說對不對？」

聽完媽媽的話，佳欣點了點頭。第二天，她一如往常地高高興興去上學，還向當選的那個女生表示祝賀：「你真棒，我要向你學習。」兩個孩子從此成了好朋友，互相鼓勵，共同進步。

「從容面對，真心欣賞」的祕訣

學會從容地面對戰勝自己的對手，並願意欣賞對方的優點，是我們在女孩遇到挫折和失敗時，需要教她明白的重點。也就是說，**不僅引導女孩承認別人的成功，同時與她一起分析對方成功而自己失敗的原因。**例如，父母可以這麼問女兒：

「你認為圓圓這次為什麼當上了班長？」

「為什麼彬彬得了五個笑臉，而你只得了兩個？是不是彬彬有做得比你更好的地方呢？」

經由這樣的引導，女孩不僅能學會平靜地面對失敗，還能知道自己失敗在哪裡，需要在哪些地方更努力以爭取下一次的勝利。同時，從容面對各種競爭和挫折，真心地欣賞對手，是讓女孩人格完善、個人魅力更加突出的正能量表現。

小心，這些話會影響女孩的好潛能！

——「你怎麼這麼笨？真是讓我丟臉！」

父母可以這樣做

父母可能會覺得這只是氣話，沒什麼，這樣講只是想教育孩子，讓她按照我們的要求去做。然而，女孩感情敏感又脆弱，當她聽到這樣的責備時，會感到內心受到了嚴重的傷害，或者覺得自己真的很沒用，連爸媽都不喜歡自己，進而自暴自棄，變得自卑、懦弱。

雖然我們不應該對女孩過於寵溺，但也不能經常用這樣的話責罵她，打擊她的自信心。即使真的做得不夠好，也應該用溫和的口吻指出她在哪些地方還有不足，還需要再努力一下才能做得更好，同時要給她適當的幫助。這樣一來，既達到了教育的目的，又不會傷害女孩的自尊心。

——「你一看到人多就臉紅，我看還是別參加什麼歌唱比賽了！」

父母可以這樣做

每當女孩表現得害羞、靦腆時，我們多半都會以「這孩子太害羞了」、「她太膽小，從來不敢在人多的地方說話」、「她一遇到陌生人就緊張」等原因，來解釋她的表現。

殊不知，在我們當著女孩的面這樣評價她時，就等於給她貼上了「膽小」、「害羞」、「懦弱」等標籤。而「我很沒用」、「我不敢在別人面前表現」等意識一旦植入她的內心，她就會變得越來越膽小，甚至開始自卑。

因此，無論女兒表現得多麼懦弱、膽小，我們都不要隨便給她貼標籤，而應該鼓勵她：「別擔心，你一定會表現得非常好！」或者：「其實每個人都會緊張，我相信你很快就能克服。」這些激勵的話可以增加女孩的正能量，讓她變得越來越勇敢。

第八章

好品格讓女孩更有魅力

如果將女孩比喻成一顆鑽石，那麼優秀的品格就是鑽石所散發出來的光芒。具備了高尚的品格，即使外表平凡，做著簡單的工作，女孩也能夠散發出迷人的光彩。因此，父母應從小就注意培養女孩的愛心、熱情、忍耐、寬容等優秀的品格與個性，同時還要針對她們性格上的一些弱點，在潛移默化中增加女孩的魅力，讓女孩更惹人愛。

1 善良
女孩最美好的特質

善良是一種寶貴的品格。許多時候，女孩善良的心比成年人表現得更明顯，總是讓人感到溫暖，讓人情不自禁地喜歡她。比如，當女孩看到小動物受傷時，會心疼地哭起來；看到小朋友傷心地流淚時，她會過去安慰。這說明了女孩善於體會他人的感受，同情他人的處境。然而父母難免會擔心：女兒太善良的話，會不會容易受騙上當或被欺負？

事實上，善良的女孩不僅不會被人欺負，還會贏得更多人的喜愛和信任。善良的女孩，可以吸引到更多善良的朋友。

在媛媛很小的時候，爸爸就讓她養了一隻小兔子。後來，爸爸還讓她養了一隻小鳥和一隻小烏龜。周圍的人都勸爸爸不要讓孩子養寵物，一方面覺得不衛生，另一方面擔心如果寵物死掉了，孩子會很難過的。

但媛媛的爸爸認為，只要家長隨時注意，讓寵物養成好的衛生習慣，孩子就不容易生病。小動物也會有生老病死，這是自然規律，孩子早晚要明白這個道理。爸爸堅持讓女兒養寵物，是為了培養她的善良和愛心。

養寵物有助提升善良之心

有研究發現，**在童年時期飼養過小動物的女孩，感情往往更細膩**，而小時候從未接觸過小動物的女孩，相對地情感比較冷漠。因此，為培養女孩的同情心和豐富細膩的感情，父母不妨在條件允許的情況下，支持女兒養小動物。讓她照顧這些動物，其實也是讓她學習照顧比自己弱小的生命。這是培養一個心地善良的女孩最有力的一課。

當女孩在生活中表現出一些良善的舉動時，例如：主動照顧小動物、幫鄰居拿東西、在車上讓座、上前幫忙扶起摔倒的老人家等，**我們都要及時給予肯定，讓她知道自己的舉動是值得讚許與表揚的。**當女孩體驗到這種正面的行為結果後，能讓她更有動力保持這種善良舉動。久而久之，「善良」這個最美好的品格就能培養起來了。

讓女孩照顧寵物，其實也是讓她學習照顧比自己弱小的生命。這是培養一個心地善良的女孩最有力的一課。

2 有愛心

成為懂得體貼他人的女孩

人與人之間在競爭越趨激烈的同時，對彼此情感支持的需求也越趨高漲。學會關心、理解他人並在情感上支持他人，這是在競爭中找到合作夥伴的必要條件，也是每個人在社會關係中得以立足和生存的根本。

因此，除了對女孩進行智育的教導，還需注重激發和培養她們的愛心、同情心等積極情感。

一個擁有愛心的女孩，會關心父母、關愛他人，並因此而贏得周圍人的喜愛，長大後也更容易擁有良好的人際關係，為成功奠定基礎。

然而，現在許多家庭中的獨生子女在父母的寵愛下，逐漸變得自私自利，只知索取，不知付出。

除了對女孩進行智育的教導，還需注重激發和培養她們的愛心、同情心等積極情感。

靜靜是一個十二歲的女孩，平常在家裡嬌生慣養。媽媽怕耽誤她念書，幾乎所有雜事都幫她做好了，從盛飯、洗衣服到洗頭等，所有的事都是媽媽為她做。

有一天，媽媽因為加班，回家比較晚，剛到家就向女兒道歉：「寶貝，餓壞了吧？媽媽今天加班，所以回來晚了點，現在就幫你做飯去。」

沒想到，靜靜不僅不體諒媽媽，反而大發脾氣：「你加班也不能不管我的死活啊！你幹嘛不提前幫我做好晚飯再去加班？」

聽了女兒的話，媽媽非常傷心。她加班是為了能多賺些錢，好為靜靜上高中做準備，可是靜靜根本不理解媽媽的苦心。

女孩的愛心需要父母強化

靜靜的行為是錯誤的，不過歸根究柢，主要是由於母親的教育方法出了問題，值得我們借鏡。部分家長平常對女兒過於驕縱，一切都以孩子的需要為主，讓女兒在家中享有很多「特權」和「優惠」。久而久之，女孩也會覺得自己擁有的這一切都是理所當然，變得只關心自己而缺乏愛心。

只顧自己的快樂而無視別人的痛苦，甚至將自己的快樂建立在別人的痛苦之上，這樣的女孩會讓人害怕。所以父母教女孩做人，首先就要賦予她一顆仁愛之心。

父母是女兒愛心傳遞的使者，也是最重要的榜樣，所以希望女兒有愛心，身為家長的我們就要先展現愛心。例如，對長輩孝順，夫妻之間互相關心、互相幫助，常常與女兒溝通情感，對她的正確行為給予適當的鼓勵和讚美，讓女兒感受到父母的體貼。

愛心是一種需要後天強化的行為，父母提供了榜樣，女孩就會去模仿，進而轉化為自發行為，使愛心成為自己擁有的一種正能量。

3 寬容

人人都喜歡有包容力的女孩

一個善解人意又具有包容力的女孩，往往讓人喜歡親近。但是，**包容力並不是與生俱來的，而是必須由小養成。**如果父母不注意培養女孩的寬容態度，當她長大後，可能會變成凡事斤斤計較、心胸狹窄的女人，看事情的眼光也會隨之狹隘。

冰冰放學回家後很不高興。原來同學王正方向她借鉛筆，結果弄丟了，害她上課沒有鉛筆用。可是王正方連一句「對不起」都沒說，冰冰覺得他實在很不對。

媽媽聽了，問冰冰：「你今天上課沒有鉛筆用，有沒有影響寫字呢？」

「那倒沒有，我向同學借了一枝筆，用完就還給同學了。」冰冰說。

「哦，這樣呀。既然沒有影響你寫字，那就原諒他吧。他不是故意弄丟的，也許是忘記跟你說對不起了。同學之間，這點小事不應該這麼計較，你說呢？」

冰冰聽了媽媽的話，很快就不生氣了。

世界上沒有完美的人

知道女兒在學校裡受了欺負，父母都會心疼得不得了，有些家長在氣憤之餘還會這樣教育女兒：

「少跟那些壞孩子一起玩，他們都把你帶壞了！」

「有人打你，你就打回去，讓他也知道你的厲害！」

用這種方式教孩子，不僅無法幫助女孩形成良好的性格，還會讓她不知如何正確地處理與同學之間的關係，使她在與人相處的過程中顯得小氣、狹隘，甚至在對待家人、朋友時也是如此。女孩的情感是脆弱的，若父母灌輸給她的是一種有仇必報的觀念，那麼她可能一生都不會快樂。唯有給予她一顆寬容之心，才能幫助她在良好的人際關係中獲得一生的幸福。

當孩子受委屈時，我們要讓她明白，世界上沒有完美的人。每個人都有缺點，都會犯錯，她自己也不例外。對於同學的缺點和不足，或是別人心情不好時所說的話和所做的事，沒必要斤斤計較，也不必過分苛求。**原諒對方一次，寬容和理解對方，不僅能讓我們自己因為不計較而變得開心，還能贏得對方的尊重和友誼。**

4 懂得感恩
讓女孩學會感激他人的付出

感恩，是能夠感知到別人對自己的付出，並懂得回報。懂得感恩的女孩，更容易體會到生命的意義與人們的溫暖，也更容易感受到生活的美好和快樂。而當女孩懂得對別人的付出心懷感恩，旁人也會更願意為她付出，**形成「獲得—感恩—再獲得」的良性循環。**學會感恩，常懷感謝之心，是應該在自己的心中裝著別人，而不是一切都以自我為中心。這是每位父母都應該為女兒上的一堂人生必修課。

慧慧媽媽的朋友幫慧慧買了一件衣服，還特地送到她家裡。然而，慧慧不僅沒有向對方表達感謝之意，還一臉不高興，一再抱怨衣服太小了。朋友一臉尷尬地說：「是阿姨沒有估算好，下次一定給你買一件合適的。」

等朋友走後，媽媽問慧慧：「如果你買了一份禮物送給別人，結果人家看了你送的東西一臉的不高興，還說不好，你心裡會怎麼想？相反地，如果對方高高興興地接受，並向你表示感謝，你是不是很高興呢？」

慧慧聽了媽媽的話，覺得自己做得不對，當天就打電話給送禮物的阿姨表示感謝，並為自己的行為道歉。

後來，慧慧在媽媽的引導下，漸漸學會了站在對方的角度思考。在面對別人的好意和幫助時，她都會主動表示感謝。

「獲得—感恩—再獲得」的良性循環

感恩觀念的培養應該融入生活的每一個小細節之中。**透過平常遇到的一些小事教女孩學會感恩，並引導女孩在能力範圍內回報。**

例如，父母在打掃房間時，引導女兒幫忙倒垃圾，或做一些她辦得到的家事。有好吃的東西時，引導女孩先給老人家吃。教師節時，鼓勵女孩親手為老師做一張賀卡，表達對老師的感謝。

這些小事能讓女孩逐漸感受到別人給予的愛，然後激起她的愛心，牽動她發自內心更深刻的感激，進而融入自己的想法中，再把這些感動透過行動和言語表達出來。

此外，不妨經常帶女孩參加一些社會關懷活動，比如捐款資助貧困地區的孩子、參與育幼院的志工活動等，並在事先讓她明白為什麼要進行這些活動，事後再彼此交流感想。**透過對比，讓女孩看到自己的生活多麼幸福**，她會更懂得珍惜和憐憫，並漸漸把自己只給親人的「小愛」，轉向對社會付出「大愛」。

學會感恩，是在自己的心中裝著別人，而不是一切都以自我為中心。這是每位父母都應該為女兒上的人生必修課。

5 有孝心讓女孩更懂愛

我們經常看到這樣的情景：女兒生病了，一家人忙著照顧她，然而當父母身體不舒服了，她卻很少主動關心。做父母的深感無奈：為何自己那麼疼愛的女兒，卻不懂得對父母付出關愛？

一天，媽媽在廚房做飯，不小心被濺起來的油花燙傷了，她急忙去找藥箱，剛好看到十歲的女兒安安在客廳看電視，想試探一下女兒，便故意走到她面前說：「安安，你看，媽媽的手被燙傷了！」

安安看了看媽媽的手，緊張地問：「哎呀，痛不痛？怎麼辦啊？」

「電視櫃的第二個抽屜裡有一個小藥箱，裡面有治燙傷的藥。」媽媽說。

安安急忙跑過去找藥，然後小心翼翼地幫媽媽搽起藥。
在接下來的幾天裡，安安都十分關心媽媽的傷，每天都主動幫媽媽上藥。

在生活中讓孝心生根、發芽

孝順的美德，並非對女孩講幾句大道理就能夠培養出來的，也沒辦法透過一兩次的經驗一下子養成，**而是需要靠日常生活中一點一滴的累積，從許多生活小事和細節中吸收「營養」，才能讓孝心在女孩的心中生根、發芽。**

例如，吃飯時，可以讓她為長輩盛飯，吃完飯幫忙收拾碗筷。父母下班回家時，請女兒倒一杯水，學著慰問父母的辛勞。或是像故事中的母親那樣，多給孩子一些表達關心和協助的機會。

小女孩的一言一行常常都模仿著大人。因此，父母平時對老人家的尊重、關愛之舉，往往也能促使觀察力敏銳、情感豐富的女孩跟著學習，從而使她逐漸養成孝順的好品格。

父母平時對老人家的尊重、關愛之舉，往往也能促使觀察力敏銳、情感豐富的女孩跟著學習，培養孝心。

6 謙虛
女孩不斷進步的動力

謙虛可以使人看到自己的不足，面對成功保持謹慎，不至於被一時的成就沖昏了頭。

反觀那些輕易就滿足、自我感覺良好或有「大頭症」的人，往往在原地踏步，甚至倒退。

有些「天之驕女」由於家境優越及父母的溺愛，容易產生傲慢心理，靠父母的支持取得了一點點成績就沾沾自喜。這樣的女孩如果沒有適時培養謙虛的心態，會變得越來越自私、狹隘，而始終封閉在自己的「驕傲王國」內，缺乏繼續前進的動力。

小芙今年十歲，她很喜歡畫畫，畫得也的確不錯。上美術課時，她的作品經常受到老師稱讚。每當小芙把自己在學校畫的圖畫拿給媽媽看時，媽媽都會說：「小芙真厲害，畫得越來越好了！」

漸漸地，小芙變得驕傲了起來，經常批評其他同學的畫，甚至不屑一顧，她認為只有自己的畫才是最好的。可是有一次，小芙的畫沒有得到老師和媽媽的讚美，她竟然一氣之下把畫撕得粉碎，而且後來她再也不認真畫畫了。

人外有人，天外有天

一旦女孩習慣了接受讚美，卻不懂得謙虛，便容易產生瞧不起別人的驕傲心理，表現得自命不凡。在這種情況下，也往往很難承受打擊和挫折，受到了一點批評就會心存怨恨，甚至自暴自棄。這樣的女孩通常難以再繼續提升自己，自然也難有多大的進步。

對女孩的稱讚是不可少的，可以發揮激勵她繼續努力的作用。但過度讚美也會產生副作用，會讓女孩高估自己的能力，進而產生傲慢心理。所以，即使女兒表現得很優秀，**父母的讚美也要慎重。**當她有了好的表現或取得了一定成就時，我們只要用真誠的語言對她加以肯定就行了。如果一定要稱讚，也要做到恰當而具體，絕不過度誇耀或脫離實際情況，以免讓女孩太過飄飄然。

讚美的同時，也別忘了告訴女孩人外有人，天外有天。在她朝著自己的目標不斷努力的過程中，還要善於發現別人的優點，虛心向別人請教，這樣才能不斷超越自己、超越他人，獲得更大的進步。

讚美女孩時，要做得恰當而具體，絕不過度誇耀或脫離實際情況，以免讓她太過飄飄然。

7 節儉
儲蓄女孩的內涵

節儉的反面就是虛榮和比較。虛榮心強、愛與別人比較的女孩，容易將關注焦點放在穿著打扮、容貌、身材等外在形象上。**當一個女孩太在意這些外在的條件時，很容易忽略了內涵的培養。**

才剛滿十歲的欣欣每個週末都吵著要媽媽帶她去逛街。媽媽覺得很奇怪，問她為何這麼愛逛街。欣欣說：「我們班的蕾蕾已經被大家選為『班花』了，因為她總是穿新衣服去上學。我也想當班花。」

聽了女兒的話，媽媽感到很吃驚：現代的小孩什麼時候變得這麼虛榮了？

懂得分辨「需要」和「想要」

許多父母幾乎是傾其所有，努力滿足女兒的所有物質需求。然而，這麼做不僅無法讓女孩變得更懂事，反而助長了她們的虛榮心。一旦女孩變得只知道和別人比較，物質欲望也會更強烈，拜金主義便由此而生。

父母對女兒的愛，不是讓她擁有更好的物質享受，而是從小為她打下受益一生的個性、習慣的基礎。一個懂得節儉的女孩，不會挖空心思，盲目地與別人比較。節儉還可以培養女孩堅強的意志和戰勝困難的精神，而這些將成為她人生的真正「財富」。

要讓女孩從小學會節儉，父母要先以身作則，在日常生活中，以自己的節儉行為感染、影響女孩。

父母對女兒的愛，不是讓她擁有更好的物質享受，而是從小為她打下受益一生的個性、習慣的基礎。

節儉的另一個意義是有計畫地消費。**父母要幫助女孩學會分辨什麼是「想要」的，什麼又是真正「需要」的。**讓女孩懂得即使有錢，也只有真正需要的東西才可以買，而不是想買什麼就買什麼。

無論女兒幾歲，父母在給她零用錢時一定要有所節制，即使自己的經濟條件再好也一樣，要將金額控制在女孩有能力支配的範圍之內。那麼，到底要給多少零用錢呢？其實不一定，**可以根據孩子的日常消費來預估，另外再加上一些額外的金額。**日常開支主要包括餐費、交通費、書籍、文具、買零食等的費用，同時鼓勵女孩把多餘的錢存起來，藉以培養她的理財能力。

8 有耐心

能等待的女孩更容易成功

備受溺愛而嬌生慣養的女孩，往往也比較沒耐心。**缺乏耐性的最主要表現，就是她不能容忍自己的要求得不到立即的滿足，因而發脾氣或顯得焦躁不安。**

看看你家裡的那位「小公主」，她是否無法安靜地坐下來做事情，無法安心地將作業做完，和朋友玩的時候也沒耐心等待，甚至根本沒有耐心聽你說話？

小荷要過九歲的生日了，媽媽答應幫她買一家人氣蛋糕店的生日蛋糕。生日當天，媽媽請爸爸下班後去拿蛋糕。小荷放學回到家後沒有看到蛋糕，感到很失望。小荷不停地向媽媽抱怨蛋糕店的效率很差，最後竟然埋怨起媽媽。「媽媽，我早上就跟你說過了，你為什麼不提前拿回來呢？」

媽媽很平靜地告訴她：「爸爸一下班就去幫你拿蛋糕了，你應該耐心地等待。如果你覺得無聊，可以去看一下電視。」

半個小時後，爸爸回來了，他不僅帶回了小荷的生日蛋糕，還送給她一本她喜歡的書。爸爸讚賞小荷終於能耐心「等待」了。

等待是一種學習自處的重要過程

小荷的母親是在刻意培養女兒的耐心，讓她學會等待。**有耐心的女孩，凡事都能堅持下去，也能夠爭取到更多的機會。**而缺乏耐心、不願等待的女孩，覺得自己想要什麼就應該馬上得到，容易形成自私的個性，而變得心胸狹隘。

培養女孩的耐心是要讓她明白，除了玩遊戲要輪流、學習要靜心，生活中也有很多事都需要學會等待。如果她覺得等待是一件很無聊的事，不妨鼓勵她看看書或是玩一下遊戲以轉移自己的注意力，會讓她覺得等待不再那麼難熬。

在訓練女孩的耐心時，**我們要一點點地延長她的等待時間。**等待的時間可以從幾分鐘或是十幾分鐘開始。而當她學會耐心地等待，我們不僅要滿足她的要求，還要給她一些精神鼓勵，就像故事中小

培養女孩的耐心是要讓她明白，除了玩遊戲要輪流、學習要靜心，生活中也有很多事都需要學會等待。

荷的父母那樣。之後，再逐漸延長讓女孩等待的時間，並訓練她學會有自覺地等待，直到她變得有耐心。

當然，**父母對女孩的教育也要有耐心，不能期望她在短時間就學會等待。**因此，我們要調整好自己的心態，先從不過度寵溺女孩做起，狠下心讓她承受等待的「煎熬」。對女孩在等待過程中出現的哭鬧等行為，我們也要耐心地與她「對峙」，不要隨便「屈服」於她。

9 樂於助人
培養女孩的自信、成就與榮譽

女兒擁有樂於助人的良好品格是每一位家長所期望的。喜歡幫助別人解決困難、擺脫不幸的女孩，心態也是慷慨的，時常為他人著想的行為會豐富她的生活，提升她的個人修養。**在幫助別人的時候，她可以體會到快樂，同時也體現出了自己的價值，並能得到同伴的認可和友誼。**

可惜的是，許多成年人的想法反而非常自私，過分注重結果、注重可以得到的利益，而忽視了精神及情感上的享受。

女孩看到的是自己獲得快樂和友誼的過程，父母看重的卻是結果，這種狹隘的觀念會打擊女兒的積極性，使女孩對自己原本正確的行為產生懷疑，也對於應該如何與人交往感到迷惘。

霏霏是一個很熱心的女孩子，平常喜歡幫助別人，老師和同學們都很喜歡她。剛剛轉學過來的梁曉薇英語成績不太好。身為英語小老師的霏霏便主動向老師表示，她會幫助梁曉薇。

期末考結束了，在霏霏的幫助下，曉薇的英語成績提高很多，加上她其他科目的成績本來就不錯，曉薇一下子進入全班前五名，甚至超過了幫助她的霏霏。

在家長會上，老師特別讚美霏霏助人為樂的行為，曉薇的媽媽也在老師的介紹下，向霏霏的媽媽道謝。

回到家後，媽媽問霏霏：「你知道這次梁曉薇考得比你好嗎？」

「知道啊。」霏霏興高采烈地說：「其實她很聰明，別的科目都不錯，就是英語不好。所以我稍微一幫她，她的英語成績就上來了。曉薇很感謝我，弄得我很不好意思。我們現在是最好的朋友了。」

媽媽看著女兒沒有心眼的樣子，生氣地說：「你真是個傻孩子，也不知道人家的成績到底怎麼樣，就主動幫她。你看看，你花時間幫助別人，卻耽誤了自己的功課。結果，你幫助的對象超過了你，害你多了一個競爭對手。以後你別再多事幫忙別人，管好你自己的事就行了！」

「給予」可以讓人獲得更多

霏霏母親的觀念顯然不太適當。女兒願意幫忙同學並贏得了友誼，本來是件好事，在母親的眼中卻成了「多事」。女兒在這種觀念的影響下，以後又怎麼會再願意幫助別人呢？不願為別人付出，為保全自己的利益而拒絕助人，或看到同學比自己好就嫉妒、怨恨，這些想法會讓女孩變得狹隘、自私，沒有愛心。這恐怕也不是家長們希望看到的結果。

因此，父母應該主動培養女孩助人為樂的好品格，**當女孩有幫助別人的行為時，還應該肯定她的好意，分享她在助人過程中得到的快樂。**不妨告訴女兒：「你能透過自己的努力讓一個同學取得這樣的進步，爸媽為你感到驕傲。」這對於女孩的自信心、成就感、榮譽感等，都是極大的鼓舞。

> **女孩看到的是快樂的助人過程，父母看重的卻是結果，這種狹隘觀念會使女孩對於應該如何與人交往感到迷惘。**

10 平常心

讓女孩坦然面對成功與失敗

有上進心的確是好事，不過一旦過度了就會變質，變得爭強好勝。所以**平常心的意義是只要盡最大的努力，達到自己能力所及的高度就可以了。**有一位母親這樣說自己的女兒：

我女兒佳佳從小就特別好強。她在班上的成績非常優秀，總是穩居全班前三名。許多人因此很羡慕我，可是我卻感到有些不安，因為考第一容易，要保持第一卻不容易。如果某次成績突然降下來，習慣了誇獎的女兒可能會承受不了。

果然，在升上四年級後的一次期中考，佳佳只考了全班第六名。她傷心得哭了一天，連飯都沒吃。這時，我意識到應該培養女兒用平靜的心態來面對挫折。

於是，我輕聲開導女兒：「孩子，不要傷心，學習並不是一味看重分數和成績，以後你的路還很長，還會經歷很多挫折。媽媽希望看到一個平時努力、喜歡讀書、快樂成長的你。」佳佳雖然似懂非懂，但還是停止了哭泣。

後來，女兒每天按照自己訂的計畫讀書、玩遊戲，她很快樂、很有自信。雖然她的成績不如以前那麼優秀了，但我感到很欣慰，因為女兒的心態越來越健康了。

有時候，當個「中等生」也很好

女兒一天天長大，面臨的問題也越來越多。一味地鼓勵她上進、奮鬥，將來要考取名校，容易忽視對她健全人格的教育；一味地強調學業至上，則容易忽視對其他綜合素質的培養。這樣的女孩，即使成績再好，將來也不一定就能擁有美好的人生。

隨時保持一種平和的心態，可以讓女孩不因得失而情緒大起大落，這樣反而更容易達成目標。兩、三歲的小女孩通常還缺乏辨別是非的能力，因此要讓她知道**什麼是對的、什麼是錯的，什麼事能做、什麼事不能做。**平常還要多培養勇敢和擇善固執的精神，增強她抵抗挫折的能力，教她學會用冷靜的心態去面對挫折。當女兒與其他同學產生爭端時，若是自己的孩子不對，就要指正她，讓她改過；若是對方的問題，則要教女孩保持寬容的心態，包容他人的缺點與不足，並能看到同學的其他優點。

在這個過程中，家長要經常提醒自己，不要過分強求自己的女兒成為完美的「優等生」，**只要她擁有健康的心態和樂觀的生活態度，做個「中等生」也很好。**

隨時保持平和的心態，可以讓女孩不因得失而情緒大起大落，這樣反而更容易達成目標。

小心，這些話會影響女孩的好潛能！

——「她打你，你怎麼不打回去？」

父母可以這樣做

當女兒在外面與朋友起了爭執，回家訴苦時，有的父母會鼓動孩子：「她打你，你怎麼不打回去？」這樣的父母認為女孩太老實容易受人欺負，就得以牙還牙，反正不能吃虧！

事實上，這並不是正確的教育方法。照這樣的邏輯引申下去：別人打你，你就打別人；別人不講理，你也不講理；別人偷了你的東西，你就去偷別人的東西……這樣的女孩，會有什麼樣的未來呢？

面對問題，家長不妨先問清原因，客觀、公正地幫孩子分析在這件事情上，誰做得好，誰做得不好。如果是自己孩子的問題，在說明她的錯誤時，還要指出她在這件事情中的責任；若責任在對方，也要讓孩子學會寬容大度，不要耿耿於懷。但我們要告訴她：我們不能欺負別人，尤其是比自己弱的人。如果別人欺負你，你可以躲開，也可以跟她講道理。這些都行不通時，再還手抵抗，總之不要讓自己受到傷害。對於來自外界的侵犯，予以回擊是很有必要的。

——「養那些小貓小狗幹什麼？髒死了！」

父母可以這樣做

善良和愛心是一個人的優秀品格，也是女孩的天性。一個有愛心的人，可以為他人、為社會帶來溫暖，同時也能讓自己的心靈更充實而純潔。

幼年時期飼養過小動物的女孩，感情比較細膩，心地也比較善良；相反地，從小沒有接觸過小動物的女孩感情比較冷漠，與他人發生衝突時也更衝動易怒。

父母可以鼓勵自己的女兒在不影響別人的情況下，飼養一些小動物，比如金魚、小鳥、小烏龜等。讓女孩幫小動物們餵食，培養她的愛心。剛開始時，父母可以先幫女兒處理穢物，當女兒長大了一點，有能力清理時，就讓她們自己動手處理。千萬別認為「養那些小貓小狗的髒死了」，牠們恰恰是培養女孩擁有愛心最好的途徑。

第九章

女孩要有堅強的心靈

與兒子比起來，家有女兒的父母需要考慮更多的安全問題。相信所有家長都希望從小就能給女兒一個護身符，讓她們平安、健康地長大，這個「護身符」，就是良好的自我保護能力。缺乏自我保護意識的女孩，一旦面臨比較複雜的環境時，容易受到外界的誘惑，甚至受到傷害。所以，父母一定要讓女孩擁有強大的內心，學會保護自己、善待自己。

1 培養強大的自制力

教女孩遠離外界誘惑

每個人在一生中會面臨各種誘惑。女孩子在小的時候，好吃的糖果、美味的糕點、漂亮的裙子會引誘她；長大後，金錢、名利、地位等都具有誘惑力。如果沒有足夠的抵抗能力，有一些誘惑可能會讓女孩受到很大的傷害。

事實上，**無力抵抗誘惑，除了與女孩的自制力差有關，虛榮心也是一個重要的因素。**這種心理在女孩很小的時候就會表現出來。例如，我們常常可以聽到女孩對同伴這麼說：

「我爸的官比你爸的大。」

「我媽賺錢多。」

「我們家的房子比你家的房子大。」

「我的裙子比你的漂亮。」

久而久之，這種因虛榮、比較而產生的結果就是：向父母要求更高級的東西，習慣了享受奢侈的生活……一旦父母無法滿足這些要求時，外界的誘惑可能會讓她誤入歧途。

這天放學後，過了很長的時間，九歲的小然都沒回家。媽媽有些著急，準備打電話給老師問問是怎麼回事。就在這時，警察打電話給小然媽媽，請她去派出所接回孩子。

小然的媽媽一頭霧水，女兒怎麼會進了派出所呢？

到了派出所，她才弄清楚是怎麼回事。原來這天放學後，小然和幾個同學結伴回家，半路上遇到一個陌生男人。這個人要她們跟他走，他可以幫每個人都買一樣她們最喜歡的東西。小然一直想要媽媽幫她買一雙新球鞋，但媽媽覺得小然的鞋子夠多了，沒必要再買，所以就沒答應。

小然聽說這個男人願意幫她們買，雖然猶豫了一下，最後還是答應了。另外幾個同學商量了一下，也表示願意去。只有一個小女孩不肯去，自己跑回家了。

這個女孩回家後，把路上發生的事告訴了自己的爸爸媽媽。家長一聽，知道這個男人肯定是騙子，於是馬上報了警，小然和其他幾個同學才被找了回來。

搞清楚原委之後，小然媽媽簡直嚇呆了。女兒是怎麼了？一雙鞋子的誘惑，就差點被別人騙走！

一雙鞋子的誘惑

有許多現象證明，女孩的一些錯誤行為，都與她們無法抵抗外界的誘惑有關。一旦承受不住外界金錢、物質、名利的誘惑，女孩就可能上當受騙，甚至走上犯罪的道路。

對誘惑的抵抗力差的女孩，通常也缺乏自主意識，大多都有見異思遷、見到好的就愛等心理傾向。因此，父母要幫助女孩提高對於是非的分辨能力，讓她認識到貪欲的危害。同時還要設法控制女孩的占有欲，提高她的自我克制能力。

不妨利用「轉移焦點」的方法，將女孩對吃和玩的注意力轉移到積極有益的活動上。

不過，**對誘惑的抵抗力不是一兩天就能養成的，需要長時間的努力。**平常，父母既要適當滿足女孩的部分要求，也要控制她某些不良欲望的膨脹。提高女孩對金錢、物質、名利等誘惑的抵抗力，才能讓女孩健康地成長。

2 強化自我保護能力

女孩要學會保護自己

雖然生活充滿了美好的事物，但美好之中也常常潛藏著危險。有些父母認為，女孩的世界就應該是純潔的、乾淨的，因而刻意避免將生活中的一些不良訊息傳達給女兒，忽視了對女孩進行必要的自我保護教育。

事實上，父母這樣做不利於孩子身心的健康發展。在父母所創設的「無傷害」環境中成長的女孩，容易降低自我保護的意識及能力，再加上女孩具有天真、善良的天性，更容易遭受外界的傷害。

我們經常會在電視或網路上看到一些女孩受到傷害的事件，這些都是真實發生在我們身邊的。為避免自己的女兒因為無知而受到傷害，父母在擔心之餘，也應該將部分注意力從學業成績轉移到對她的安全保護上，讓女孩提高自我保護意識，學會保護自己，不給犯罪分子可乘之機。

萍萍今年十四歲，是一個活潑可愛、發育良好的女孩，見到她的人往往覺得她已成年。這天，萍萍像往常一樣坐公車回家。車上很擁擠，不一會兒，萍萍就感覺有人在她身後摸她。剛開始她沒在意，可是後來那個人越來越過分。

萍萍意識到自己遇到了壞人，她從小就被媽媽送去學跆拳道，所以此時她沒有慌張。只見她抬起右肘，用左手握緊右拳，狠狠地向身後擊去，只聽到「哎喲」一聲，一名男子在她身後捂著肚子蹲了下去。萍萍沒有回頭，在公車到站的時候提前下了車。

女孩必知的防身錦囊

萍萍的沉著和勇敢反抗，來自於她本身所具有的自我保護能力。如果不是從小就學習過自我保護的技能，在遇到這種事情時，她很可能會像很多女孩一樣，對不法的侵害忍氣吞聲。

女孩子看起來比較嬌弱，容易成為他人侵害的對象。父母應從小就培養她們對危險的預知能力，提高她們的警覺心，如此將能有效地降低女孩受傷害的機率。

具體來說，要教女孩這幾個防身錦囊：

1.告訴女孩一些必要的青春期生理、心理方面的知識，讓她認識到社會的複雜性，**增強自我保護的意識。**

2.告訴女孩，與異性在一起時要自尊自愛，不能太隨便，更不要隨便接受男孩的禮物。一旦遭遇騷擾行為，**要明確表達自己的態度**，避免自己受到傷害。

3.放學後要結伴回家，遇到特殊情況而晚回家時，**一定要及時打電話告訴父母。**

4.遇到壞人時要機智地面對，最重要的是想辦法保護自己，將傷害降到最低。**並且要懂得借助外界力量來保護自己。**

此外，還要教會女孩一些基本的自我保護常識，如遇到電梯故障、捷運停駛等事故時該怎麼辦，遭到地震、火災、雷電等情況時又該怎樣保護自己等。

父母應從小就培養女孩對危險的預知能力，提高她們的警覺心，如此將能有效地降低受傷害的機率。

3 珍視自己
自尊自愛的女孩更可愛

自尊自愛是健康品格的基礎，更是一種對自己人格的重視和肯定。女孩懂得自尊自愛，就是尊重自己、愛護自己，從身體、儀表到行為、心靈，維護自己身為一個人的尊嚴。自尊自愛的女孩不但更可愛，懂得愛護自己的女孩也更能贏得他人的關愛。作家龍應台曾說：「作為女人，自己都瞧不起自己，那麼還指望誰能瞧得起自己呢？」

十歲的妮妮總是覺得自己比好朋友小薇差一些，自己各方面都比不上小薇。這次歌唱比賽，妮妮僅以一分之差輸給了小薇，屈居第二。

回到家後，妮妮非常難過，她委屈地對媽媽說：「為什麼我不管怎麼努力都贏不了小薇呢？媽媽，你告訴我，我是不是真的不如她？我的身材沒她好，個子

沒她高，聲音也沒她好聽，我什麼都不如她，我努力還有什麼意義呢？」

媽媽聽了妮妮的話，柔聲對女兒說：「有一個比自己優秀的好朋友，你感到很難過，是嗎？」妮妮點了點頭。

媽媽說：「但我認為這是一件好事，因為這讓你的人生永遠都有追逐的目標。你不斷努力，其實並不是為了超越她，而是為了讓自己往更高的地方走。這就像賽跑一樣，許多運動員都要有陪練，就是因為跑步時一定要有一個齊頭並進的夥伴，這樣運動員才能用最強的幹勁跑到終點。你想想，是不是這個道理？」

妮妮終於釋懷了，她說：「媽媽，我明白了，能有這樣的好朋友，是不是說明我也很優秀呢？只是我還需要更優秀一些，對吧？」

男孩的自尊往往帶著倔強和逞強的成分，女孩的自尊則往往隱含著敏感和脆弱，需要父母細心地呵護和培養。

女孩的自尊心隱含著敏感和脆弱

兒童時期是一個人的個性與品德形成的關鍵時期。在這個階段，女孩的思想尚未成熟，很容易受到外界的影響，但這一時期的思想和行為走向，對她今後的人生有著至關重要的影響。所以父母一定要正確引導孩子，讓她正確認識自己、愛惜自己，做一個自尊自愛的超優質女孩。

女孩的自尊與男孩不太一樣。男孩的自尊往往帶著倔強和逞強的成分，而女孩的自尊則往往隱含著敏感和脆弱。女孩的自尊心是需要父母細心地呵護和培養的。

很多父母覺得「女兒是自己的」，可以隨心所欲地教育，喜歡用命令的口吻跟女兒說話。事實上，每個女孩都是一個獨立的人，有自己的感受和思想。因此，**不要總用命令的語氣跟她說話，更不要以成年人的標準苛刻地要求她。**應鼓勵女孩大膽地發表自己的見解，勇敢地與成年人爭辯是非。如果父母真的錯了，也要勇於承認錯誤，讓女孩感到自己是被尊重的。

父母還要注意的是，即使女兒各方面都很平凡，你們也要鼓勵她**接納自己，愛惜自己。**任何人都有其不完美之處，但每一個人也都有自己獨特的氣質和優點。我們要教女孩懂得發揮自己的長處，調整自己的短處，讓自己更有魅力。

4 虛心學習，從容面對

讓女孩理智看待批評和讚美

女孩是一個「矛盾綜合體」，**既有著很強的自尊心，同時又有一定的虛榮心。**所以，她們有時無法很好地控制自己的情緒，也難以理智地看待別人對她的批評和讚揚。受到別人批評時，她會覺得很委屈、不服氣；當被別人讚美時，她又會沾沾自喜。這些其實都是心智不成熟的表現。

如果女孩不能虛心地接受他人的批評，就很難從中汲取教訓，也無法及時改正自己的錯誤。另一方面，若不能從容地面對他人的讚美，也就無法讓自己的內心平靜下來，好好地累積經驗。

身為家長，我們應該教會女孩理智地對待他人的批評和讚賞，協助她汲取學習和生活中的教訓與經驗，為她日後的心智成長提供「養分」。

前幾天放學後，楠楠因為回家太晚被媽媽念了一下，可是她很不服氣，因為那天她是去幫同學過生日，並沒有去做什麼壞事。她覺得晚回家並沒什麼錯。媽媽告訴她，她幫同學過生日可以，但應該打電話告訴家裡。她直到晚上十點多才回家，害得爸爸媽媽很擔心。他們到處找她，差點就要報警了。

然而楠楠就是不服氣，認為媽媽過於干涉她的自由了，所以這幾天故意和媽媽作對，在家裡也故意不跟媽媽説話。

以理解與鼓勵引導她

女孩有時會產生一種逃避和消極心理，不能正視自己的錯誤，更不能正視別人對自己的批評。對於這樣的女孩，我們應該告訴她，犯了錯被批評並沒什麼可計較的，因為每個人都會遇到類似的情況。她不應該以消極的態度對待自己的錯誤，更不能故意和別人作對，否則她永遠也不明白自己到底錯在哪裡。

我們應鼓勵女孩虛心接受別人的合理指教，認真反思一下自己為什麼會被批評。如果是自己做錯了或做得不夠好，就要及時改正。即使面對不合理的批評，也不要反應過於強烈，甚至反唇相稽，此時應心平氣和地向對方解釋，這樣才是有教養的女孩的處事方式。

女孩理智地對待他人的批評和讚賞，協助她汲取學習和生活中的教訓與經驗，為她日後的心智成長提供「養分」。

面對讚美也一樣。女孩的虛榮心，有時會讓她們在被誇獎的同時，產生驕傲自滿的情緒。這會令她們變得浮躁，也會使她安於現狀，不肯進步。所以，當女孩受到讚揚時，**我們應該提醒她想一想自己受到的讚美是否符合實際，她是否受之無愧。**如果是誇大了，超越了實際情況，她應該謙虛地向對方表示感謝，並表達出自己做得還不夠好，還需要更加努力。這種謙虛的做法會給對方留下良好的印象，別人也會更加重視和喜愛她。

5 全方位理解「性」的問題

儘早與女兒談「性」

孩子進入青春期後最顯著的表現，就是會出現各種生理變化。對於女孩來說，青春期最明顯的生理變化就是第二性徵的形成。在十一到十三歲時，女孩就會出現體態豐腴、臀部渾圓、乳房隆起、嗓音變細及月經初潮等一連串的生理變化。

雖然這些都是女孩正常的生理表現，但處於青春期的女孩卻可能由此產生很大的思想波動。比如，她可能會對身體上的這些變化感到困惑，甚至受到一些錯誤訊息的誤導，認為自己的身體出了問題。

因此，在女孩進入青春期後，家長需多留意她身體上出現的各種變化，及時幫助她解答疑惑。當變化出現時，我們要告訴她不用緊張，安心地接受它。例如，母親可以這樣告訴女兒：**「這些變化是你長大了的象徵，會讓你更有女性魅力，所以你應該感到開心。」**

女孩第二性徵的出現，也意味著她們的身體逐漸走向成熟。這時，隨之而來的還有一個更讓父母難以迴避的問題——「性」。

一位心理輔導老師講了自己親身經歷的一件事：

> 有個十三、四歲的小女孩打電話給我。她在電話裡支吾了半天，然後說：「我懷疑自己懷孕了，但我不敢跟爸爸媽媽說。我猶豫了很久，才鼓起勇氣打電話向您求助。」
>
> 聽了她的話，我非常吃驚。經過耐心的詢問後，我才知道，這個女孩並未與男性有過「性」方面的實質接觸，只不過在跟同學打鬧時，不小心撞到一個男生的懷裡。後來聽同學說，和男生抱在一起就會懷孕，於是她開始害怕起來。
>
> 我告訴她：「你不會懷孕。只有到了一定年齡的男女，經過『性』的實際接觸後，才會懷孕。」
>
> 誰知，懵懂的小女孩問：「什麼是『性的實際接觸』呢？」
>
> 我不禁感慨不已。一個已經上了國中的女孩，生理方面的知識竟然如此匱乏。真不知道她的母親是如何教育自己的女兒的。

越神祕，越引她好奇

有些家長覺得，女孩就應該生活在「純潔」的環境中，不能過早地讓她瞭解「性」方面的問題。但是他們忽略了，刻意迴避可能會讓女孩產生更多的困惑，如此不僅不利於她的身心發展，還可能對她未來的愛情觀產生不良影響。

所以，我們在關注女孩生理變化的同時，**還應借助一些生理方面的書籍，抓住機會與女孩談談「性」的知識。**例如，讓她瞭解人的性器官與生殖系統、人的性發育、性取向與性別，以及怎樣預防性病等。同時要明確地告訴女孩，尚未成熟就涉足性關係是冒險的行為；性的問題包括身體、心理、倫理、社會等方面，將這些層面完整結合起來的性，才是健康的。讓女孩理解任何性行為，都要承擔一定的後果。因此，**每個人都需要表現出對於自己和他人高度負責的態度**，包括潔身自愛、拒絕不成熟的性關係等。幫助女孩逐步懂得兩性之間要互相尊重，並且教導她正確的兩性交往技巧。

6 虛擬比不過真實

別讓女孩成為網戀犧牲品

現代社會科技發展迅速，網路已經成為我們生活中很重要的一部分，無論工作、生活或學習等都離不開它。但是，任何事情都有兩面性，網路也不例外。在給我們便利的同時，也帶來了一些負面影響，尤其是許多女孩陷入了「網戀」，讓家長們感到非常頭痛。有些女孩甚至因為網戀，生活從此發生了巨變。

十四歲的女孩小丘在網路上認識了一個自稱「王宇」的網友。被一番甜言蜜語哄騙後，小丘認為自己愛上了電腦那端的那位「白馬王子」，於是答應了王宇的見面要求。

幾天後，小丘和王宇相約見面。王宇將小丘騙到一家賓館內，對她性侵犯。

事後，在王宇的威脅下，小丘沒有報警，也沒有告訴父母發生的一切，而且由於害怕王宇把這件事說出去，於是答應了和他一起出外打工的要求。

小丘失蹤後，父母萬分著急，立刻報了警。半個月後，警方抓到了嫌犯王宇，這才把小丘救出來。

女孩需要真實的溫暖和關愛

青春期的女孩對社會及愛情的理解還很膚淺，判斷力也較差，容易被那些虛構的網路小說、網戀故事感動。不少女孩沉迷於網路交友，在網路上尋覓「知音」。她們喜歡模仿小說、電視劇中的戀愛故事交男朋友。一開始可能只是出於好奇而模仿，發展到後來卻無法自拔。

在虛擬的網路上與人談情說愛，這是非常危險的。虛幻的愛情會令女孩沉迷其中，而喪失對事實的判斷力。也許電腦對面的那個「戀人」意圖不軌，正在一點點挖陷阱，等待她往裡面跳呢！

想要阻止迷上網戀的女孩，越是打罵，只會讓她對現實越來越失望，反而加速她投入網上那個虛擬戀人的懷抱。因此，**面對女兒的網戀現象，父母最應做到的就是理智對待**，找到孩子網戀的原因，才能從根源上解決問題，不讓女孩成為網戀的犧牲品。

一般來說，女孩網戀往往是由一定的心理需求引起的。她們或是想尋找精神寄託，或是想轉移學業壓力，又或者是想瞭解異性等。**只有先瞭解女兒網戀的原因後，父母才能對症下藥**，引導她心甘情願地走出網戀。

一些家長平時忙於自己的工作，忽略了對女兒的關心。女孩在現實生活中得不到父母的關愛，就會感到孤獨。如果這時網上恰好有個「白馬王子」對她關愛有加，她又怎麼會割捨這段「網戀」呢？

這也是在提醒我們家長，不管多忙，都不要忽略了對女兒的精神關注。平常多抽些時間和她聊聊天，認真傾聽她的心聲，與她一起分享快樂、分擔悲傷。當女孩從現實當中獲得了溫暖和關愛，又怎麼會到網上去尋找「真愛」呢？

不管多忙，都不要忽略了對女兒的精神關注。平常多抽些時間和她聊聊天，認真傾聽她的心聲，給她真實的關愛。

7 當你情我「不」願

女孩要學會堅決說「不」

一提到讓女孩學會說「不」，許多家長都覺得不以為然：「難道我的女兒連個『不』都不會說嗎？」

的確，在生活當中，尤其是面對自己的父母時，女孩常常都會將「不」掛在嘴邊。例如，今天的早餐不合口味，她就會嘟著小嘴，不高興地說：「我不喜歡今天的早餐！」天氣涼了，媽媽叫她多穿一件衣服，她又不高興地說：「不要啦，我就是要穿漂亮的裙子！」

看看，我們的小公主多有主見！

可是如果換成了其他的情況，我們的女兒卻未必敢這麼堅決地說「不」。

曾經有一個國中女生，先是因為謠言而成績退步，後來又因男生的追求而離家出走。她在自己的日記中寫道：

我有很多煩惱。我們班的班風不好，謠言不斷。有一次，謠言落到了我的頭上，說我亂談戀愛。其實，我不過是和前、後座的男生聊天，這就是亂談戀愛嗎？我實在忍受不了被別人亂講，功課一落千丈。

也許是看我情緒低落，班上有個男生主動來開導我，我很感激。沒想到，不久他就開始寫情書給我，並說如果我不答應他，他就要自殺。我不喜歡他，但又怕他出事，就只好勉強答應跟他見面。可是我再三跟他說我們不可能，他卻真的要自殺。我害怕極了，就假裝答應跟他在一起。

一天晚自習，他找我出去，我去了。沒想到他竟然緊緊抱住我，還要親我。我推他、打他都無濟於事。我覺得自己被侮辱了，沒臉再見人，只好離家出走。

應教導女兒，當遇到異性不當的示愛行為時，要懂得拒絕，態度堅決、明確地說「不」。

學會拒絕，也要學會保護自己

在成長過程中，幾乎每個處於青春期的女孩都有可能遇到男孩子的追求，這很正常。就多數青春期的孩子而言，隨著情竇初開，對異性產生渴望屬於正常心理。但麻煩的是，許多女孩在面對異性的追求時，不會拒絕對方，又不知如何保護自己。

因此，父母應教導女兒，當遇到異性不當的示愛行為時，要懂得拒絕，學會說「不」。如果女孩擔心直接拒絕會傷害對方，我們可以教她委婉而又禮貌的拒絕方法。例如告訴對方：「我們現在年紀還小，還要念書，我不能接受這份感情。」**但是拒絕的態度一定要堅決、明確，不能含糊其辭，讓對方產生誤解。**

如果對方比較難纏，那麼可以教女孩**先假裝答應，穩住對方的情緒，然後立即將事情告訴家長或老師，請他們幫忙處理。**但要讓女孩明白，即使暫時同意交往，也絕不能答應對方更進一步的不合理要求，以免讓自己受到傷害。

8 禁果不能嘗

保護女孩的「祕密花園」

每個步入青春期的女孩都是一朵含苞待放的花朵，都有自己的「祕密花園」，也就是自己需要加倍愛惜的身體。然而，現在有許多女孩卻對自己的「祕密花園」毫不在意。

某家醫院的婦產科做過一項統計。某一天從早上八點鐘開始，到中午的十二點，門診就接診了十多個來做人工流產手術的女孩。而且門診醫生發現，這些來做手術的女孩年紀看起來都不大，最大的也就十七、八歲。雖然她們沒有透露真實身分，在醫生面前也表現得十分「老練」，可是她們身上總擺脫不了那股孩子氣。

醫生還發現，近年來，每年到醫院做人工流產手術的高峰期有兩個：一個是二、三月份，另一個就是九、十月份，而這兩段時期，正好是每年學生的寒、暑假結束之後。

事前預防與事後陪伴一樣重要

青春期的男孩和女孩，因為好奇和無知而偷嘗禁果。結果，女孩受到的傷害往往比較大，小小年紀就經歷了懷孕、流產，過早品嘗了人生的苦果，這是多麼令人惋惜的事情！為了避免這種事發生在自己的女兒身上，身為父母，我們有責任告訴她，**要懂得保護好自己的「祕密花園」**，愛惜自己的身體。

從女孩很小的時候開始，母親就應該教女孩學會照料自己的私處。當她進入青春期後，母親不僅要為女兒準備好必要的衛生用品，還要教她一些必要的日常防護措施。例如，告訴女孩平時注意衛生，潔身自好；在與異性交往時，要有女孩的矜持，不要隨便與對方「更進一步」；對於自己的身體更要有防護意識，尤其是隱私部位，不能讓任何異性觸碰。平時還要對女孩進行必要的道德教育，讓女孩形成正確的價值判斷。

雖然父母都很在意保護自己的女兒，但有些女孩還是會偷嘗禁果。對此，我們發現後，**不要一味地責備、打罵她，而應先檢討一下自己，看看是不是我們平時對她的關愛與教導不夠**。同時，要幫助女孩處理好她的「麻煩」。如果女兒意外懷孕，我們要理智地處理這件事，並耐心照顧她。在此期間，**多與女兒交流談心，幫她解開心結，引導她正確面對這件事**。畢竟，她未來的人生還很長遠。

9 積極的偶像崇拜
與女孩一起理智地「追星」

與男孩相比，女孩對明星的迷戀程度似乎更瘋狂。她們會毫不猶豫地購買偶像的全套ＣＤ，不辭勞苦地追星，還會在演唱會現場瘋狂地對著偶像大喊「我愛你」……

女兒追星，在不少父母看來就是在學壞。然而事實上，「崇拜偶像」本來就是女孩在青少年時期重要的心理特徵之一。可以說，**理智地追星，是女孩追求成功的一種心理渴求，這是很正常的一種心理現象。**適度的追星行為，能夠增加女孩的正能量，激勵她更加積極努力，促進她的心理發展。

小茜是一個品學兼優的女孩，但上了國中後，她的成績卻直線下降。

有一次，媽媽在幫小茜打掃房間時，發現女兒收著二十多封沒有寄出去的信，

信封上一律寫著「周杰倫收」。打開女兒的ＭＰ３，裡面全是周杰倫的歌。再看看牆上，全貼著周杰倫的海報……媽媽馬上明白了，原來女兒在追星。

小茜放學回家後，媽媽問她是不是喜歡周杰倫。見自己瞞不過媽媽，小茜只好承認。誰知道媽媽不但沒有生氣，還告訴女兒，自己也喜歡周杰倫，但更喜歡他積極向上的精神。由於沒能考上大學，中學畢業後，周杰倫在餐廳邊打工，邊寫歌，並尋找能夠幫助自己出唱片的人。皇天不負苦心人，最後他終於得到賞識，憑著自己的努力一舉成名。

媽媽告訴小茜：「喜歡偶像，光喜歡他的外表是不行的，還要學習他積極向上、不斷進取的精神才行。」

小茜若有所思地點點頭。此後，她雖然仍然「追」周杰倫，但學習態度卻變得積極了，那個學期獲得了不錯的成績。

藉由談「星」，與女兒談「心」

「追星」已成為現代女孩，尤其是都市女孩的一種時尚。也許這樣的行為有些盲目，不過既然已成為一種流行，我們就應該接受女孩的這個行為，並順應潮流、因勢利導，**既不堅決反對女孩追星，也不任她盲目地去追。**

不妨和女孩一起「追星」，與她「談星」，進而引導她朝著積極的方面進步。

青春期的女孩崇拜偶像是正常的。為了避免女兒追到偏路上，我們不妨和她一起「追星」，這樣才能與她「談星」，進而對她眼中的那顆「星」發表客觀的評論，並引導她朝著積極的方面進步。

我們可以將明星的優點告訴女孩。比如，他們為了追求夢想不斷努力，為了表演刻苦練功，還有不少明星熱中於慈善，積極回饋社會等。這樣可以對女孩的人生觀和價值觀形成潛移默化的影響，「追星」行為也就對女孩產生了積極的作用。

為避免女孩對明星過於迷戀，我們同時也應該告誡她，喜歡明星沒有錯，但不要過度迷戀，因為明星也不過是平常人，每個人經過自己的努力，也會成為某一個行業的「明星」。**幫助女孩客觀地看待明星**，她的追星行為也就不會過於狂熱了。

10 建立正確愛情觀

幫助女孩度過「早戀」階段

大人都將孩子過早談戀愛視為大敵。不過，雖然採取了種種的嚴厲措施進行防範，還是難以避免青春期少男、少女互相吸引。我們之所以害怕女兒太早談戀愛，主要是擔心一連串可能的不良後果，如學業成績下降、情緒低落、過早發生性關係，甚至流產墮胎。想到女兒也許會因為一次過早發生的戀情而受到如此巨大的傷害，我們不禁揪緊了心。

孫太太發現女兒小羽最近好像在談戀愛。對此，她沒有加以斥責，而是比過去更關心女兒。知道女兒喜歡語文，就鼓勵她參加朗誦社，還鼓勵她寫日記。在媽媽的鼓舞下，小羽的作文頻頻刊登在校刊上。她也鼓勵小羽邀朋友到家裡，不露痕跡地引導女兒由一對一的交往轉向群體。如今，學業和團體活動幾乎成了小羽的主要重心，對異性的傾慕心理也漸漸平息、淡化。這個結果，讓孫太太既欣慰又慶幸。如果當初她強行介入，不知道會是什麼樣的結果呢！

從擴大交友圈開始

如果能先瞭解女孩想要談戀愛的原因，處理起這個問題可能就不會如想像中的困難了。一般來說，小女孩想談戀愛主要有兩個原因：**一是缺少家庭的關懷。**可能父母忙著工作，對她的關心不夠，或者只知道關心功課，對其他問題不聞不問，這些都會使女孩想要從別處尋找溫暖。**二是處於青春期的女孩自我意識增強**，對一些事情有了自己的思考和見解，而父母卻不能認真聆聽。此時，女孩可能就會與異性同學走得更近一些。

發現女兒與某個男孩過從甚密時，正確的做法是巧妙地加以引導，讓女孩懂得，**與異性交往不要太集中於某個人或一個小範圍，否則會失去與更多同學、朋友接觸的機會。**

細心的父母不難發現，女孩談戀愛往往與生活單調、缺乏目標有關。因此，充實女孩的生活，幫助她尋找奮鬥目標，可以有效地轉移她對異性的注意力。

女孩談戀愛往往與生活單調、缺乏目標有關。因此，充實女孩的生活，可以有效地轉移她對異性的注意力。

另外，**還可以與女兒分享自己的愛情觀**，告訴她真正的愛情是什麼。關於愛情的問題，不用過於避諱。可以針對愛情與女孩進行一些討論，告訴她愛情不是遊戲，而是需要兩個人認真考慮和對待的事。不能只考慮到現在的一時快樂，而對愛情採取不負責任的態度。愛情是一份責任，除了兩個人能在一起快樂外，更多的是需要兩人攜手並進，克服困難，共同創造未來。

一旦幫助女孩建立起正確的愛情觀，她也就能平安地走過這個身心悸動的階段了。

小心，這些話會影響女孩的好潛能！

——「你滾啊！想去哪裡就去哪裡！」

父母可以這樣做

家長教育不當，導致女孩離家出走的事件時有所聞。許多情況下，她們往往是被父母的話逼出家門的。當衝突爆發時，父母與孩子唇槍舌劍，互不相讓。有些父母甚至利用女兒依賴性強的特點，說出最後通牒式的話。原本只是想逼迫女孩就範，但不少好強的女孩，就這樣被「逼迫」著走出了家門。

其實，不管在任何情況下，父母都不應該用這句話來要脅女兒，迫使其改過。如果女兒的確有錯，我們應明確指出她錯在哪裡。即使在批評她時，也應該讓她感受到父母的關愛，從而使她產生堅強、自信、向上的力量。否則，即使女兒一時屈服了，那也只是暫時的，衝突遲早還是會再爆發。

——「你跟爸媽還講隱私？爸媽看看你的日記有什麼不對？」

父母可以這樣做

女孩子會有什麼樣的小祕密？想想我們年少的時候就能明白了。那時，我們的日記中其實也沒什麼天大的祕密，有的僅僅是一些小小的心事。但我們卻把它看得很重，不希望被人發現，尤其不希望自己的父母發現。

對於青春期的女孩來說，這些都是她的隱私，是她內心不可侵犯的一處「聖地」。一旦有人侵犯了她的隱私，她就會自我封閉起來。所以，我們應承認並允許女孩有自己的隱私，並尊重她那些小小的隱私。父母應該理解女兒「受人尊重」的心理需要，保護她的自尊心。當我們給予她一定的私人空間後，她反而不會對我們設防，偶爾也會對我們談談她的心事。此時我們可以抓住時機，對她的一些疑惑進行引導，幫她糾正一些不正確的觀念，這比直接窺探她的隱私，讓她對我們產生排斥情緒要好得太多了。

第十章 提升女孩生命潛能的優質好習慣

「習慣」在很大程度上決定了孩子的一生。擁有好習慣的女孩，不僅能贏得他人的好感，也能透過做好每一件小事來成就自己，獲得更好的發展。所以，我們應該從細節著手，幫助女孩養成健康、良好的生活習慣，這是邁向「超優質」未來的必要條件。

1 愛乾淨

小細節讓女孩更出眾

有些家長認為，個人衛生這種小事根本不值得一提。女孩只要長得漂亮、成績好，將來一樣有出息，跟愛不愛乾淨沒有什麼關係。

個人衛生真的只是「區區小事」嗎？其實並非如此。看似微不足道的個人衛生問題，往往可以反映出一個女孩的內涵和生活情趣。一個不注重個人衛生的女孩，她的內涵往往很差。不愛乾淨的女孩也不易被他人接受，無法獲得良好的人際關係。這樣的女孩，身上的負能量要遠大於她所擁有的正能量。

小美今年十歲了，長得很漂亮，但就是不愛乾淨。吃飯前，媽媽叫她去洗手，她只是隨便沖兩下；媽媽要她刷牙，她卻懶得刷。連學校裡用的水杯，她也經常不洗。

有一天，教室裡的飲水機沒水了，小美的鄰座同學非常口渴，看到小美的水杯裡還有水，便想倒些水來喝，可是，當她拿起水杯看了看，卻不要喝了。

「你怎麼不喝了？」小美問她。

「你的水杯也不洗洗，太髒了，我怎麼敢喝啊！」同學回答。

良好衛生習慣帶來好自信

乾淨整潔的儀表不僅能表現出一個人的內涵，還會讓人充滿自信。因此，父母首先應明白這個道理：女孩不講究衛生、不注重儀表可不是一件小事情。

為了幫女孩養成愛乾淨的習慣，父母應將日常的基本衛生行為融入女孩的生活中，成為作息的一部分，包括：刷牙、洗臉、洗澡、勤換衣服等。當然，這些行為需要家長的監督。

家長還要讓女孩明白該如何注重衛生。需要學會的衛生規則包括：正確洗手、早晚刷牙、洗臉、洗頭髮、洗澡、剪指甲，注意自己的衣服是否乾淨整潔，鈕子是否扣好、鞋帶是否繫好等。另外，還要讓女孩養成保持周圍環境整潔的良好習慣。

只要父母**每天嚴格要求**，女孩就會養成愛乾淨的良好習慣。

看似微不足道的個人衛生問題，往往可以反映出一個女孩的內涵和生活情趣。

2 提高對金錢的敏感度

培養女孩良好的儲蓄習慣

學會儲蓄、懂得理財是一種良好的習慣和必備的素質，也是一個人基本的生存能力之一。而女孩這種習慣的養成，更是直接關係到她一生的幸福與發展。

不過，現在許多父母根本沒有培養女孩儲蓄的概念。許多父母只求女兒好好讀書，自己省吃儉用，卻對女兒有求必應。孩子要多少錢，父母就給她多少。然而，從小讓女孩花錢太大方，不懂得理財，將來她步入社會後，容易產生衝動消費、過度消費、信用透支等現象，甚至淪為「卡奴」，將嚴重影響她的正常生活和工作。

歡歡的家境很好，父母對她更是寵愛有加。尤其是媽媽，除了經常給她買各種名牌服飾和學用品外，每個月還給她很多零用錢，任由歡歡去花。歡歡把零用

錢花完了，就隨時跟媽媽要，媽媽也會隨時給她。

在這種優越的生活條件下，歡歡花錢一向不手軟，從來不知道怎樣正確地花錢，她總憑一時喜好買回一些沒用的東西。當然，她也從不知道要存錢。但是媽媽卻說：「沒關係，我們家有錢，給你的錢不用省，花完了媽媽再給你。」

理財的兩大基礎概念：運用與儲蓄

像歡歡家的這種「財務寬鬆政策」，現在成了普遍現象。父母不願意看到自己的女兒受苦，以為對女孩富養，就是為她提供豐裕、高檔的生活。結果，許多女孩從小就不懂得珍惜金錢，不會理財，更不懂得儲蓄，花起錢來毫不吝嗇，一擲千金。當她們長大，離開父母之後，又怎麼能維持好自己獨立的經濟狀況呢？

美國的父母在教育孩子時，非常重視他們金錢觀念的培養。例如，孩子想吃冰淇淋，如果買一杯要花八十元的話，父母會告訴她：**「你想吃可以，但今天只能給你二十元，明天再給你二十元，存夠了錢，你才能買來吃。」**父母這樣做的目的，就是為了喚起孩子管理金錢的意識。

從小讓女孩花錢太大方，不懂得理財，將來她步入社會後，容易產生衝動消費、過度消費、信用透支等現象。

理財觀實在是需要從小培養的，一是運用，一是儲蓄。

當女兒拿到壓歲錢或有了一筆零用錢，父母不妨和她一起商量這筆錢怎麼使用，可以問她：「你打算用這筆錢做什麼？」瞭解了她對金錢的態度後，父母可以給予一些指導和建議。

此外，也應該讓女孩養成儲蓄的習慣，如此才能學會節省。若女孩選擇把錢存起來，可以進一步讓女孩瞭解「銀行」和「儲蓄」是怎麼回事，然後幫她在銀行開戶。每隔一段時間就與女兒坐下來算算：這個帳戶得到了多少利息，並教她一些計算利息的方法。當她看到自己存起來的錢還能「生」出錢來時，儲蓄觀念也會大大增強。

3 建立公德心

教女孩珍視他人的存在

在一些公共場合，經常可以看到一些表面文靜的女孩不顧旁人而大聲喧譁、大肆談笑，有些穿著時尚的女孩闖紅燈、坐公車搶座位，有的女孩還隨地吐口香糖、亂丟垃圾……

看到這種情景，相信有不少家長都會不自覺地想：我的女兒可不能變成這個樣子。不過你是否想過，這些女孩為什麼會變成這樣呢？

很簡單，因為她們在家中被父母寵慣了，養成了凡事以自我為中心、以自己的意願為標準的習慣。時間一久，她們就不懂得考慮別人的感受，入了社會之後也不懂得遵守公共秩序和社會道德。

遵守公共秩序和建立公德心，**強調的是重視他人的存在、重視群體的利益，而不是強調個人的需求與感受。**如果一個女孩凡事唯我獨尊、為所欲為，心中只有自己，那她走到哪裡都會我行我素。

一天，萱萱的爸媽帶她去看電影。在售票處排隊買票的人很多，可是電影馬上要開演了，於是他們想帶著萱萱插隊去買票。萱萱覺得這樣不好，不想去，可是父母硬拉著她的手往前擠。這時，前面的人不高興地說：「買票要排隊，難道就只有你們急嗎？」萱萱的父母覺得很沒面子，就跟對方吵了起來。

這時，七歲的萱萱感到很不好意思，拉著媽媽的衣角想叫她不要再吵了，可是媽媽憤怒地甩開了她。旁邊的人都在指責他們，甚至有人說：「那麼大的人還不如一個小孩，孩子都知道丟臉，大人還這麼不自覺地插隊！」這句話又引發了新一輪的爭吵。

看著在大庭廣眾之下丟盡顏面的父母，萱萱再也忍不住了，轉身跑出了電影院。

父母請先以身作則

父母都對自己的女兒寄予了極大的期望，總是要求女兒按照他們的想法做。但你是否想過：你要求女兒珍惜時間、抓緊時間學習，但你自己每天的休息時間都用來做什麼呢？你要求女兒在班上保持前幾名，但你在職場上是不是業績突出呢？你要求女兒在外面要遵守公共秩序，但你自己是不是也遵守了社會公德呢？

想要培養出一個優雅又有氣質，走到哪裡都能顧及個人形象、顧及大眾感受、遵守公想要培養出有氣質，走到哪裡都能顧及個人形象、顧及大眾感受、遵守公共秩序的女孩，父母自己要先做到。

共秩序的女孩，首先，自己就要做到這些。

例如，和女兒一起出門時，我們應該教她遵守各種交通規則；過馬路走斑馬線、不闖紅燈；搭車要排隊，懂得讓座給老年人等。與女孩去百貨商場、電影院、圖書館等公共場合時，也要教她排隊、不大聲喧譁、不亂闖別人的辦公場所。

在父母以身作則的教導下，相信女孩也能逐漸養成好的習慣，成為名副其實的優質女孩。

4 勤勞

促進女孩形成獨立意識與創造力

現代父母往往自動承攬了全部的家事，上學、放學幫女兒揹書包，甚至還幫忙寫作業！長期下來，會讓女孩養成生活上不愛動手，學習上不愛動腦的習慣，一遇到困難就退縮不前。這樣的女孩長大後往往吃不了苦、獨立自主能力差，要依靠什麼立足於社會？

勤勞可以讓女孩的雙手和大腦得到協調發展，使腦細胞受到更多刺激，有助於智力和各項能力都更加出眾。而且，勤勞還能減少女孩的依賴心理，促進女孩獨立意識與創造力的形成。讓女孩擁有一雙勤勞的手，將使她終生受益。

筠筠從小就很勤勞，每件事都要自己動手做。她會有這種好習慣，受到父母的影響很大。從筠筠很小的時候開始，媽媽就讓她自己握著奶瓶喝奶，從下面幫她托著，讓她體會動手的樂趣。後來，當筠筠能自己抱著整個奶瓶時，媽媽就不管她了，讓她自己一人坐著喝。

勤勞可以讓女孩的雙手和大腦得到協調發展，還能減少依賴的心理，促進獨立意識與創造力的形成。

筠筠很早就學會了穿鞋子。一開始，她會把鞋子穿反，媽媽不厭其煩地教她，最後她終於學會了。到後來，小小年紀的筠筠還學會了自己穿衣服、疊被子、整理床單，還有自己整理書包、玩具、書桌，自己洗手、洗澡，甚至洗衣服，而且每件事都做得很好。對於筠筠來說，每做完一件事，她也會非常開心，覺得自己又學會了一樣本領。

讓女孩自己動手做

社會學家和心理學家經過長時間的追蹤調查和研究後發現：勤勞的孩子與不勤勞的孩子在個性、愛好及人生、事業等方面，都存在著很大的差異。勤勞、熱愛勞動的孩子與懶惰、不愛勞動的孩子長大後的失業率為一：十五，犯罪率為一：十。可見，勤勞對於一個孩子的成長有多麼重要的影響。

孩童時期是培養女孩勤勞、熱愛勞動的關鍵時期。**女孩在三、四歲時，通常會萌發出自信心和獨立性，許多事情都想自己動手做。**這時，父母不僅不應阻止她，還要充分鼓勵她，引導和培養她的勞動興趣，強化女孩的勞動觀念。當女孩學會自己做事後，她也會將這種快樂、成功的情感深化為自己的內在意識，從而變得勤勞。

5 時間管理能力

幫女孩改掉拖拖拉拉的壞習慣

相信許多家長都對女孩做事拖拖拉拉的壞習慣感到頭痛不已。這類女孩的表現是：每天的作業都不會馬上去做，一定要拖到最後一刻，有時甚至要熬夜才能做完；做功課時也不專心，東看看西看看，明明一個小時可以做完，卻要花上兩個小時、甚至更長的時間完成；早上從起床、穿衣服到出門上學這段時間，動作慢吞吞的，結果經常遲到；吃飯很慢；洗澡很慢……

一位父親這樣抱怨自己的女兒：

我那個九歲的女兒，做事就像電影裡的慢鏡頭一樣，每個過程都能夠分割成一個個細節。我叫她小烏龜、小蝸牛，她竟然也不知道生氣。

她做事太會拖拖拉拉了，寫個作業也要一會兒喝水，一會兒吃東西。明明半小時就能寫完的作業，她總要花一個多小時。晚上刷牙、洗臉，她也要把浴室裡洗手臺上的東西玩上一遍，每天都磨蹭到九點、十點才上床睡覺。我每天晚上都要催她，可是仔細想想，其實她也沒做幾件事，真是氣死人了！

小毛病可能會拖延成大弊端

像故事裡這樣的女孩很多。雖然這似乎算不上什麼大毛病，但是未來融入團體、進入社會之後，這種拖拖拉拉的惡習就會暴露出一些弊端。試想，哪個公司會願意雇用一個做事磨磨蹭蹭、半天都做不好事情的員工呢？哪個團隊願意有這樣一個拖拖拉拉、無法按時完成任務的隊友呢？

表面上看起來，這類型女孩似乎是典型的「慢工出細活」，但進一步地研究，其實反映出了女孩缺乏一種很重要的能力——時間管理能力。**這樣的女孩往往不懂得珍惜時間，對時間的概念也比較模糊，不知道將一件事盡快做完後會有更好的結果，也不認為慢有什麼不好。**久而久之，她就形成了拖拖拉拉的壞習慣。

所以，要培養女孩不散漫的觀念，最重要的就是讓她**學會珍惜時**

「慢工出細活」的女孩，其實是缺乏一種很重要的能力——時間管理能力。

間，建立輕重緩急的概念。父母可以與女兒一起制定一個時間表，明定她每天什麼時候起床，洗臉、刷牙要多長的時間，多久吃完早餐，放學後先做什麼、後做什麼，以及晚上幾點睡覺等，讓她學會按時完成任務。同時，請女兒準備一本記事本，將她要做的事按重要性排序，有助於養成做事有條不紊的習慣。

為避免女孩無法按照時間表完成每件事，還**必須讓女孩自己承擔做事慢吞吞的後果**。比如要出門時，父母先提醒女兒是否準備妥當。如果她仍然拖拖拉拉的，就不帶她去，讓她獨自承擔後果。一旦嘗到拖拖拉拉的後果，她下次就不會再這樣了。

6 主動學習

用喜好激發女孩的學習動力

讓孩子擁有良好的學習習慣，比擁有高智力更重要。如今，有越來越多的家長注意到這個觀念，開始重視培養孩子的學習習慣。

小學三年級的姍姍對學習不感興趣，功課也不好，但她卻特別喜歡幫布娃娃設計和製作服裝。她告訴媽媽，等她長大了要當一名服裝設計師。

媽媽問姍姍：「既然你那麼喜歡服裝設計，那你知道服裝設計的書上都是怎麼寫的嗎？怎樣才能讓你設計出來的服裝符合人的身體比例呢？怎樣才能搭配出最好的色彩效果呢？」

媽媽的問題一下子把姍姍考倒了。她對這些事情一無所知，自然一個也回答不上來。媽媽乘機說：「姍姍，不要灰心，這些問題的答案都在書裡面。只要你好好學習，總有一天你會弄清這些問題，一定能成為一名優秀的服裝設計師！」

從此以後，為了實現自己的夢想，姍姍開始努力學習，學業成績也逐漸提升了。

增強學習的積極度

到了青春期，女孩的智力發展開始比男孩慢，此時，學習成績也容易下滑。但是，如果女孩能養成主動學習的習慣，增強學習的積極性，那麼成績下滑的幅度可能會降低不少，有時甚至還能避免這個現象發生。

事實上，有些女孩對於讀書感到吃力，甚至一提到學業就一臉痛苦，這並不代表她們智力差，而是因為她們對學習缺乏興趣，也缺少主動性和自覺。她們只是被動地接受老師灌輸的知識，死記硬背那些枯燥的公式、定理、生字。這樣學習，又怎麼能得到好成績呢？

要想讓女孩更快地提高學業成績，我們就要讓她將學習變成主動的行為，激發出她們的學習興趣。

女孩子有自己的興趣、愛好和夢想，**只要我們正確引導她們的這些愛好，就能夠激發她們的學習動力。**為了實現夢想，她們會從被動學習轉為主動學習，進而養成良好的學

有些女孩對於讀書感到吃力，但這並不代表她們智力差，而是因為她們對學習缺乏興趣，也缺少主動性和自覺。

習習慣。

當然，要激發女孩的學習興趣，讓她自動自發地學習，並非一朝一夕就能夠實現的。畢竟女孩年紀還小，自我控制能力還比較差，容易對學習失去興趣。所以，**我們不應過於急躁，要有耐心，每天都做一些有助於她養成主動學習習慣的事情。**例如，我們可以每天安排一個固定的時間陪女兒一起讀書、背英語生字，或者每天與她一起背誦幾首古詩詞等。這樣將可以逐漸培養女孩對學習產生興趣，並且進一步地樂意自主學習。

7 告別粗心

加強專注力，做個細緻的女孩

與頑皮好動的男孩相比，大部分女孩都很細心，能安靜下來認真地做事，也願意從事一些細緻的活動。但是也有一些女孩，做事毛毛躁躁，粗心大意。如果父母不能幫她們改掉粗心的習慣，當她們長大後做事也會很粗糙，變得馬馬虎虎、丟三落四。

明珠今年十歲，頭腦很聰明，就是太粗心了。每次考試的時候，明明在計算紙上都算對了，但考卷發下來後，卻常常發現一些莫名其妙的錯誤。例如數學考試，計算紙上明明寫6，抄到考卷上卻變成0。問她怎麼會寫錯，她委屈地說是抄到考卷上時看錯了。

為了改善女兒粗心的毛病，媽媽告訴她：「你粗心的原因就在於每次看到數字時，總是快速瞄過去，所以容易把字看錯。以後再遇到這樣的問題時，先讓自己停一下，閉上眼睛數到三，然後再睜開眼睛往下寫，這樣就不容易出錯了。因為你有意識地讓思緒停頓了一下，就像是警察在交通事故多的地點放了告示牌一樣。」

果然，明珠用了媽媽教她的方法後，因為粗心而出現的錯誤明顯減少了。

不要打斷女孩的專注

有的時候女孩不是做事不認真，而是因為專注力不夠。她們難以將精力完全集中在一件事情上，所以看起來總是心不在焉的。對此，父母的首要之務是培養女孩的專注力。

日常生活中，**讓女孩做事與休息並重，不要讓她的大腦和眼睛過於疲勞，否則她將無法集中精力。**當然，活潑好動、心急等才是女孩無法持續做好一件事的根本原因。對此，我們可以多與女孩做一些能鍛鍊她專注力的小遊戲，如串珠子、找找兩張圖的不同點等。也可以透過激發女孩對某件事的興趣，來提高她的專注力。**當女孩正在專注地做某件事時，我們也不要隨意打擾她，這樣反而會影響她的注意力。**

小時候的一些壞習慣並沒有家長想像的那麼可怕。面對女兒的粗心，父母與其批評她，倒不如幫她找出問題的癥結所在，然後再採取恰當的方法幫助她解決問題，讓她成為一個做事細心的好女孩。

有的時候女孩不是做事不認真，而是因為專注力不夠。對此，父母的首要之務是培養女孩的專注力。

8 愛上健康飲食
成為健康女人的基礎

走到超商或百貨商場的食品架前，各種零食種類琳琅滿目。小孩都愛吃零食，尤其女孩子又比男孩更喜歡，但這些零食大都是垃圾食品，不僅無法為身體提供必要的營養，過多的人工色素、香精、防腐劑、增色劑等反而會危害健康。

為了女孩的健康，我們應幫助她養成健康的飲食習慣，不吃垃圾食品、不挑食也不偏食，這樣才能讓正處於發育階段的女孩健康地成長，奠定日後成為健康女人的基礎。

靜靜已經十歲了，可是看起來很瘦弱，像營養不良一樣。媽媽帶她到醫院做檢查，也沒查出什麼病。醫生告訴媽媽，靜靜的這種情況其實是營養不良的表現，靜靜應該盡量多吃一些營養的食物。

說起這一點，媽媽就發愁。其實她很重視家裡飲食的營養均衡，可是靜靜卻十分挑食，不喜歡吃的食物，無論媽媽怎麼勸說，她還是一口都不吃。而且，靜靜平時總吃一些沒營養的零食，一到吃飯的時候，她就說自己吃飽了，飯菜自然也吃不下多少。久而久之，由於營養攝取不均衡，靜靜的身體便出現了營養不良的徵狀。

聰明設計食譜，營造舒適的用餐環境，準備漂亮的餐具等，都有助於促使女孩愉快地進餐。

精美餐具有助誘發用餐的欲望

對父母來說，當你辛辛苦苦為女兒準備好一桌豐盛的飯菜，她卻皺著眉頭，這也不吃，那也不感興趣，你肯定很失望。而且，更讓你揪心的是她的健康問題。

挑食、偏食、愛吃零食等壞習慣不僅會使女孩營養失衡，留下健康隱憂，還會影響她們的智力發展。因此，糾正女孩的這些飲食壞習慣是父母必須認真對待的問題。

一日三餐是攝取營養的主要方式，因而需要家長營造良好的飲食環境。首先要聰明設計食譜，讓三餐的營養搭配均衡，這樣才能讓女孩的營養攝取有基本的保障。其次，要為女孩營造舒適的用餐環境，吃飯時盡量聊愉快的話題，不要在餐桌上罵孩子，不要強迫她吃這個或吃那個，這會加深她對某些食物的反感，從而產生挑食、偏食甚至厭食行為。不妨為女孩準備漂亮的餐具，如帶有卡通圖案的小湯匙、小碗等，促使女孩愉快地進餐。

如果女兒愛吃零食，我們則要想辦法**轉移她對零食的注意力，將每天的正餐做得更賞心悅目，增強她對正餐的食慾**。例如，在炒豆乾時，放上一點彩椒絲、胡蘿蔔絲等，不僅能讓這道菜味道更鮮美，而且看起來就讓人食指大動。愛美的女孩看到了會更喜歡這道菜，自然也會有吃正餐的欲望了。

另外，我們還可以多在家中**準備水果，代替女孩喜歡的甜味零食**，進而讓她減少吃零食的習慣，多吃健康的食物。

9 熱愛運動
習慣的養成貴在堅持

運動能讓人保持旺盛的精力，帶給人健康的身體。經常運動的女孩，不僅能擁有健康的體魄，還會對自己充滿信心。

李太太的女兒珍珍今年十四歲了，稍微有些「豐滿」，因此班上的同學都叫她「楊貴妃」、「小浣熊」。儘管同學們並沒有惡意，珍珍還是產生了自卑感。她覺得自己不夠美麗，經常被別人嘲笑。就連夏天，珍珍都要穿著長外套去上學，生怕別人發現自己的身材太胖。

李太太發現後，便開導女兒：「我們要學會愛自己，而且要愛自己的全部。」同時，她還與女兒一起做了一個「瘦身計畫」。每天女兒吃完晚飯後，李太太不再像以前那樣催她去做作業，而是拉著她一起去跑步、跳繩。到了週末，李太太還帶著珍珍一起去爬山、游泳。漸漸地，女兒也發現了運動的樂趣，有時還會約幾個同學一起出去運動。

一段時間後，珍珍的「瘦身計畫」獲得了成功，她還結識了很多好朋友。當然，她對自己也更有自信了。

愛運動的女孩自信滿滿

為了幫女孩養成熱愛運動的好習慣，父母應經常帶她去戶外活動，讓她呼吸新鮮的空氣，感受到戶外運動的樂趣。此外，還可以經常帶女孩去觀看各種體育比賽，讓她感受現場那種熱烈的氣氛，從而幫助她養成熱愛運動的習慣。

同時，**我們還要根據女孩的性格特點幫她選擇適合的運動。**例如，對於個性比較內向的女孩，可以選擇排球、籃球、跳舞等團體運動，讓她體驗到團隊合作的樂趣，漸漸改變孤僻的性格。對於缺乏主見的女孩，可以選擇羽毛球、乒乓球等運動，培養她果敢的態度。而對於性子急的女孩，則可以選擇游泳、太極拳等需要考驗自控能力的運動，鍛鍊她的耐心。

當然，任何一個習慣的養成都在於堅持，所以我們要告訴女孩，一定要循序漸進地參加各種運動，**把運動當成一種樂趣而不是一項任務來進行。**只有持之以恆地堅持下去，才能逐漸愛上運動，將運動變成一種習慣。

10 有始有終
耐心和意志力讓女孩更成功

女孩子通常都比較細心、有耐心，做事也能認真地完成。但也有些女孩，做事虎頭蛇尾，三分鐘熱度，遇到一點困難就想放棄，這其實是一種缺乏耐心和意志力的表現。

對於這樣的女孩，父母一定要採取有效的方法，從小就鍛鍊她的意志力，鼓勵她達成目標，養成做事有始有終的好習慣。

琳琳是一個長相清秀的女孩，可是做事毛毛躁躁的，虎頭蛇尾。媽媽請她做的事情，她沒有一件能完成。例如，媽媽要她去掃地，她掃到一半就跑去看電視；媽媽叫她收拾自己的書包，她還沒收拾完，就又去看書了。

媽媽聽說透過培養興趣，可以鍛鍊一個孩子做事的恆心，決定試驗一下。

琳琳喜歡養小動物，於是媽媽買了幾條金魚請琳琳照顧。琳琳很高興，每天都幫金魚換一次水，忙得不亦樂乎，媽媽心想這個方法還真的有幫助。可是不到一個禮拜，琳琳就把照顧金魚的事拋到一邊。不久，金魚都死掉了。琳琳很傷心。媽媽也很難過，但是乘機對女兒進行機會教育。「你看，金魚多可憐，因為你沒有好好照顧牠們，牠們都死了。要是媽媽照顧你也是這麼沒耐心，你怎麼辦？」

琳琳看著金魚，難過地流下了眼淚。媽媽說：「要是你能保證下次做事能夠持之以恆，媽媽就再幫你買幾條金魚。」琳琳用力地點點頭。

第二天，媽媽又買了幾條金魚，這次琳琳比上次更認真。她上網查了一些養金魚的資料，每天都細心地照顧金魚。一年過去了，金魚不但沒有死，還長大了許多。琳琳虎頭蛇尾的習慣，也經過這件事而改變了不少。

興趣是最好的老師

要讓女孩養成有始有終的習慣，父母可以**利用女孩感興趣的事**來鍛鍊她的耐心和毅力。借助女孩的興趣對她進行意志力鍛鍊，往往能達到事半功倍的效果。

另外，父母可以給女孩**制定一個合理的目標**，鼓勵她去完成。這個目標不要太容易，但也不能太難，否則女孩不僅得不到鍛鍊，還會產生反效果。

借助女孩感興趣的事來鍛鍊她的耐心和毅力，往往能達到事半功倍的效果。

例如，可以讓女孩每天背一首唐詩，連續堅持一個月。在女孩完成這個目標的過程中，我們要對她進行適當的監督，讓她知道：**一旦開始了，就要執行到底，不能半途而廢。**如果她堅持了幾天，要給予她鼓勵，讓她感受到我們對她的關注和支持。在完成這個目標後，女孩會為自己感到高興，我們也要和她一起分享快樂。之後，可以再鼓勵她去完成下一個目標，如此反覆幾次之後，女孩的意志力就會得到鍛鍊，做事也會逐漸變得有始有終，不再輕言放棄。

小心，這些話會影響女孩的好潛能！

——「你真是越來越懶了，長大以後怎麼辦?!」

父母可以這樣做

女孩不拖拖拉拉、不偷懶，辦事效率才會高。不過有些女孩的時間觀念不夠強，做事難免會偷懶一點。

對於這樣的孩子，不要一開始就批評或指責她，這樣只會降低她做事的動力，讓她變得更消極。其實女孩之所以有這種現象，大多是因為父母平時太寵了。凡事有父母代勞，不讓孩子自己動手，沒給她機會培養勤快的好習慣。所以從現在起，盡量讓她「自己的事情自己做」吧！例如，讓女孩自己穿衣服、自己疊被子、自己洗衣服等。唯有如此，她才能意識到勤勞的必要。還可以告訴她，所有的事情都需要在一定的時間內完成，不能總是慢吞吞的，否則到最後事情做不好，時間就被浪費掉了。

——「你又撒謊！真是越來越不像話了！」

父母可以這樣做

出於一些原因，女孩有時會跟父母說謊。不少父母在面對女兒說謊時，往往都是大聲斥責、嚴厲批評，很少能心平氣和地先聽聽她說謊的原因。其實很多時候，女孩說謊的原因可能都在父母身上，比如無意中模仿了大人的不誠實表現，或出於自我保護的本能，或是為了迎合家長過高的期望、滿足父母的某種虛榮心等。

當發現女兒說謊時，父母要先弄清楚她說謊的原因，然後再尋找恰當的解決辦法。並且告訴她：「說謊的人會失去別人的信任。」以此來增強女孩的自律意識，讓她自覺地改掉說謊的壞習慣。

國家圖書館預行編目資料

培養超優質女孩的100個細節／王志豔著. --初版. --臺北市：寶瓶文化, 2014.05
面； 公分. --（catcher；65）
ISBN 978-986-5896-72-0（平裝）

1.親職教育 2.子女教育

528.2 103007653

catcher 065

培養超優質女孩的100個細節

作者／王志豔

發行人／張寶琴
社長兼總編輯／朱亞君
主編／張純玲・簡伊玲
編輯／丁慧瑋・賴逸娟
美術主編／林慧雯
校對／丁慧瑋・陳佩伶・吳美滿
企劃副理／蘇靜玲
業務經理／林婉婷
財務主任／歐素琪 業務專員／林裕翔
出版者／寶瓶文化事業有限公司
地址／台北市110信義區基隆路一段180號8樓
電話／(02)27494988 傳真／(02)27495072
郵政劃撥／19446403 寶瓶文化事業有限公司
印刷廠／世和印製企業有限公司
總經銷／大和書報圖書股份有限公司 電話／(02)89902588
地址／新北市五股工業區五工五路2號 傳真／(02)22997900
E-mail／aquarius@udngroup.com

法律顧問／理律法律事務所陳長文律師、蔣大中律師
如有破損或裝訂錯誤，請寄回本公司更換
著作完成日期／二〇一三年十二月
初版一刷日期／二〇一四年五月
初版二刷日期／二〇一四年五月七日
ISBN／978-986-5896-72-0
定價／三二〇元

AQUARIUS 寶瓶 文化事業

愛書人卡

感謝您熱心的為我們填寫，
對您的意見，我們會認真的加以參考，
希望寶瓶文化推出的每一本書，都能得到您的肯定與永遠的支持。

系列：Catcher 065　**書名：培養超優質女孩的100個細節**

1. 姓名：________________　性別：□男　□女
2. 生日：_____年_____月_____日
3. 教育程度：□大學以上　□大學　□專科　□高中、高職　□高中職以下
4. 職業：______________
5. 聯絡地址：____

   聯絡電話：________________　手機：________________
6. E-mail信箱：__________________________________

   □同意　□不同意　免費獲得寶瓶文化叢書訊息
7. 購買日期：_____ 年 _____ 月 _____日
8. 您得知本書的管道：□報紙／雜誌　□電視／電台　□親友介紹　□逛書店　□網路

   □傳單／海報　□廣告　□其他
9. 您在哪裡買到本書：□書店，店名__________　□劃撥　□現場活動　□贈書

   □網路購書，網站名稱：____________　□其他__________
10. 對本書的建議：（請填代號　1. 滿意　2. 尚可　3. 再改進，請提供意見）

    內容：________________________

    封面：________________________

    編排：________________________

    其他：________________________

    綜合意見：____
11. 希望我們未來出版哪一類的書籍：________________________________

讓文字與書寫的聲音大鳴大放

寶瓶文化事業有限公司

（請沿此虛線剪下）

廣　告　回　函
北區郵政管理局登記
證北台字15345號
免貼郵票

寶瓶文化事業有限公司　收

110台北市信義區基隆路一段180號8樓

8F,180 KEELUNG RD.,SEC.1,

TAIPEI.(110)TAIWAN R.O.C.

（請沿虛線對折後寄回，或傳真至02-27495072。謝謝）